Libro di Ricette Frullato Sano, Libro di Ricette per la Zuppa, Ricettario Di Ricette Vegetariane, Ricette Di Dieta

Indice

eventuali disagi o danni che possono accadere loro dopo aver intrapreso le informazioni qui descritte.

Inoltre, le informazioni che si trovano nelle pagine seguenti sono intese solo a scopo informativo e devono quindi essere considerate universali. Come si addice alla sua natura, l'informazione presentata non è garantita per quanto riguarda la sua continua validità o qualità provvisoria. I marchi citati sono fatti senza il consenso scritto e non possono in alcun modo essere considerati un'approvazione da parte del Titolare del marchio.

Libro di Ricette Frullato Sano In Italiano/ Healthy Smoothie Recipe Book In Italian

Introduzione

Grazie per aver acquistato il libro completo di ricette con frullati sani.

Se sei stanco di portare in giro quei chili in eccesso e stai cercando modi per sentirti al meglio in modo colorato e facile, allora i frullati sono un perfetto go-to!

Questo libro è pieno di oltre 100 deliziose ricette di frullati facili da fare che ti aiuteranno molto di più che sciogliere il peso che desideri perdere! Dall'aumentare la tua energia al rendere la tua pelle più radiosa, queste ricette di frullati sono un modo infallibile per rimetterti in pista con la tua salute generale.

Mentre ci sono tonnellate di libri di frullati sul mercato oggi, non ce ne sono come questo! Grazie ancora per aver scelto questo libro. Ogni sforzo è stato fatto per garantire che sia pieno di quante più informazioni utili possibili, si prega di godere!

Cuore Sano

Frullato di Proteine di Carota Papaya

Ingredienti:

- 4 cubetti di ghiaccio
- 150 gr di bacche di scelta
- 50 ml di succo di carota
- 1 misurino di proteine del siero di latte, la vostra scelta di sapore
- ½ papaia

Ecco come farlo:

1. Mescolare tutto in un frullatore.
2. Ridurre in purea gli ingredienti fino ad ottenere una consistenza liscia o la consistenza desiderata.

Frullato di Proteine di Mirtillo Avocado

Ingredienti:

- 4 cubetti di ghiaccio
- ½ avocado
- 250 gr di mirtilli congelati
- 1 misurino di proteine del siero di latte, la vostra scelta di sapore
- 250 ml di acqua di cocco

Ecco come farlo:

1. Mescolare tutto in un frullatore.
2. Ridurre in purea gli ingredienti fino ad ottenere una consistenza liscia o la consistenza desiderata.

Frullato di Proteine della Bacca di Acai di Semi di Chia

Ingredienti:

- 1 misurino di proteine del siero di latte, la vostra scelta di sapore
- 20 gr di semi di chia
- 80 gr di bacche acai congelate
- 500 ml di latte di mandorle non zuccherato

Ecco come farlo:

1. Mescolare tutto in un frullatore.
2. Ridurre in purea gli ingredienti fino ad ottenere una consistenza liscia o la consistenza desiderata.

Frullato di Proteine di Banana Avena

Ingredienti:

- 4 cubetti di ghiaccio
- 1 misurino di proteine del siero di latte, la vostra scelta di sapore
- 5 ml di miele
- 1 gr di cannella
- 250 ml di latte di mandorle non zuccherato
- 40 gr di fiocchi d'avena
- 2 banane

Ecco come farlo:

1. Mescolare tutto in un frullatore.
2. Ridurre in purea gli ingredienti fino ad ottenere una consistenza liscia o la consistenza desiderata.

Cioccolato Burro di Arachidi Proteine Frullato

Ingredienti:

- 250 ml di yogurt magro
- 1 misurino di proteine del siero di latte, la vostra scelta di sapore
- 1 banana congelata
- 20 ml di 100% sciroppo di cioccolato
- 20 ml di burro di arachidi
- 150 ml di latte magro

Ecco come farlo:

1. Mescolare tutto in un frullatore.
2. Ridurre in purea gli ingredienti fino ad ottenere una consistenza liscia o la consistenza desiderata.

Frullato di Lino Verde

Ingredienti:

- ☒ 150 gr di pezzi di ananas congelati
- ☒ 500 gr di spinaci
- ☒ 1 banana
- ☒ 2 mandarini pelati
- ☒ 20 gr di semi di lino
- ☒ 150 ml di acqua

Ecco come farlo:

1. Mescolare tutto in un frullatore.
2. Ridurre in purea gli ingredienti fino ad ottenere una consistenza liscia o la consistenza desiderata.

Il Frullato di Inizio Sano

Ingredienti:

- ☒ 250 gr di ghiaccio
- ☒ 200 gr di pezzi di mango congelati
- ☒ 250 gr di ananas fresco
- ☒ 350 ml di acqua
- ☒ 10 ml di nettare di agave
- ☒ 10 gr di semi di chia
- ☒ 150 gr di ricotta a basso contenuto di grassi
- ☒ 170 ml di acqua

Ecco come farlo:

1. Mescolare tutto in un frullatore.
2. Ridurre in purea gli ingredienti fino ad ottenere una consistenza liscia o la consistenza desiderata.

Frullato Ghiacciato Fudgesicle

Ingredienti:

- 750 gr di ghiaccio
- ½ di un avocado sbucciato / snocciolato
- 4 datteri Medjool snocciolati
- 80 gr di cacao in polvere
- 50 ml di nettare di agave
- 200 ml di latte di cocco

Ecco come farlo:

1. Mescolare tutto in un frullatore.
2. Ridurre in purea gli ingredienti fino ad ottenere una consistenza liscia o la consistenza desiderata.

Frullato all'Arancia Giuliva

Ingredienti:

- ☒ 1 gr di estratto di vaniglia
- ☒ 20 ml di miele
- ☒ 170 ml di succo d'arancia concentrato congelato
- ☒ 300 gr di ghiaccio
- ☒ 250 gr di zucca gialla
- ☒ 3 mandarini pelati
- ☒ 250 ml di latte magro

Ecco come farlo:

1. Mescolare tutto in un frullatore.
2. Ridurre in purea gli ingredienti fino ad ottenere una consistenza liscia o la consistenza desiderata.

Verde Mostro Frullato

Ingredienti:

- ☒ 250 gr di ghiaccio
- ☒ 250 gr di mais congelato
- ☒ 250 gr di spinaci
- ☒ 250 ml di cavolo latte
- ☒ ½ Banana
- ☒ 1 mela a scelta con torsolo/quarto
- ☒ 340 ml di succo d'arancia

Ecco come farlo:

1. Mescolare tutto in un frullatore.
2. Ridurre in purea gli ingredienti fino ad ottenere una consistenza liscia o la consistenza desiderata.

Frullato di Limonata alla Rosa Rossa

Ingredienti:

- 250 ml di latte
- 250 ml di acqua
- 5 gr di polvere di rosa canina
- ½ pollice di zenzero
- ½ limone spremuto
- 1 mela tritata a scelta
- 115 gr di barbabietole tritate

Ecco come farlo:

1. Mescolare tutto in un frullatore.
2. Ridurre in purea gli ingredienti fino ad ottenere una consistenza liscia o la consistenza desiderata.

Frullato di Mele Fini

Ingredienti:

- 250 ml di latte
- 250 ml di acqua
- 30 gr di arachidi
- 10 gr di radice di yacon
- 115 gr di melone
- 115 gr di ananas
- 115 gr di uva

Ecco come farlo:

1. Mescolare tutto in un frullatore.
2. Ridurre in purea gli ingredienti fino ad ottenere una consistenza liscia o la consistenza desiderata.

" Il Kiwi al mio cuore " Frullato

Ingredienti:

- ☒ 250 ml di latte
- ☒ 250 ml di acqua
- ☒ 10 gr di semi di canapa
- ☒ 1 lime spremuto
- ☒ 1 pomodoro tritato
- ☒ 1 kiwi sbucciato
- ☒ 1 pera tritata
- ☒ 300 gr di spinaci baby

Ecco come farlo:

1. Mescolare tutto in un frullatore.
2. Ridurre in purea gli ingredienti fino ad ottenere una consistenza liscia o la consistenza desiderata.

Frullato di Sidro all'Arancia Speziato

Ingredienti:

- 250 ml di latte
- 250 ml di acqua
- 2 gr di chiodi di garofano macinati
- 10 gr di proteina di pisello
- ½ limone spremuto
- 10 ml di aceto di sidro
- ½ avocado snocciolato
- 2 mandarini pelati
- 300 gr di cavolo verde

Ecco come farlo:

1. Mescolare tutto in un frullatore.
2. Ridurre in purea gli ingredienti fino ad ottenere una consistenza liscia o la consistenza desiderata.

Frullato di Cocco Ricoperto di Cioccolato

Ingredienti:

- ☒ 250 ml di latte
- ☒ 250 ml di acqua di cocco
- ☒ 2 datteri
- ☒ 15 gr di cacao in polvere
- ☒ ½ avocado snocciolato
- ☒ 2 mandarini pelati
- ☒ 42 gr di bietola svizzera

Ecco come farlo:

1. Mescolare tutto in un frullatore.
2. Ridurre in purea gli ingredienti fino ad ottenere una consistenza liscia o la consistenza desiderata.

Disintossicazione

Frullato Magico del Mattino

Ingredienti:

- ☒ Ghiaccio
- ☒ 10 gr di farina di lino macinata
- ☒ 1 misurino di proteine in polvere, gusto a scelta
- ☒ 100 gr di yogurt
- ☒ 1 banana congelata
- ☒ 250 ml di caffè freddo

Ecco come farlo:

1. Mescolare tutto in un frullatore.
2. Ridurre in purea gli ingredienti fino ad ottenere una consistenza liscia o la consistenza desiderata.

Frullato di Disintossicazione Sano

Ingredienti:

- ☒ 150 gr di zucchero di cocco
- ☒ ¼ cetriolo
- ☒ 50 gr di mirtilli
- ☒ 10 gr di zenzero fresco
- ☒ 20-30 gr di succo di limone
- ☒ 250 gr di spinaci
- ☒ ½ banana congelata

Ecco come farlo:

1. Mescolare tutto in un frullatore.
2. Ridurre in purea gli ingredienti fino ad ottenere una consistenza liscia o la consistenza desiderata.

Frullato Anti-Gonfiore

Ingredienti:

- ☒ Ghiaccio
- ☒ 2 ml di aceto di sidro di mele
- ☒ 10-20 gr di zenzero fresco
- ☒ ½ cetriolo
- ☒ 1 banana congelata
- ☒ 150 gr di zucchero di cocco

Ecco come farlo:

1. Mescolare tutto in un frullatore.
2. Ridurre in purea gli ingredienti fino ad ottenere una consistenza liscia o la consistenza desiderata.

Smoothie Detox Verde

Ingredienti:

- 250 ml di acqua fredda
- 250 ml di latte di mandorle non zuccherato
- 6 gr di spirulina in polvere
- 20 gr di semi di chia
- 250 gr di ananas congelato
- 1 banana matura congelata
- 1 limone sbucciato
- 2 costola di sedano tritata
- ½ cetriolo tritato
- 350 ml di acqua

Ecco come farlo:

1. Mescolare tutto in un frullatore.
2. Ridurre in purea gli ingredienti fino ad ottenere una consistenza liscia o la consistenza desiderata.

Alba Detox Frullato

Ingredienti:

- ☒ 250 ml di acqua di cocco
- ☒ 150 gr di mirtilli congelati
- ☒ 150 gr di ananas
- ☒ 150 gr di mango congelati
- ☒ 1 banana congelata
- ☒ Succo di 1 limone

Ecco come farlo:

1. Scolare e impostare a lato.
2. Frullare tutti gli ingredienti fino a che liscio.
3. Versare la miscela di lamponi nel bicchiere da portata, seguita dalla miscela di mango.

Frullato Detox a 5 Ingredienti

Ingredienti:

- ☒ 250 ml di succo di frutta a scelta (arancia, melograno, ecc.)
- ☒ 10 gr di farina di semi di lino
- ☒ 150 gr di banana congelata
- ☒ 250 gr di cavoli o spinaci
- ☒ 250 gr di bacche congelate di scelta

Ecco come farlo:

1. Mescolare tutto in un frullatore.
2. Ridurre in purea gli ingredienti fino ad ottenere una consistenza liscia o la consistenza desiderata.

Frullato Detox Dorato

Ingredienti:

- Cubetti di ghiaccio
- 150 ml di acqua
- 150 ml di succo d'arancia, appena spremuto
- 150 gr di ananas fresco
- 1 carota sbucciata
- 20 ml di miele Yogurt greco
- 1 banana

Ecco come farlo:

1. Mescolare tutto in un frullatore.
2. Ridurre in purea gli ingredienti fino ad ottenere una consistenza liscia o la consistenza desiderata.

Frullato di Cavolo Ricchissimo

Ingredienti:

- 4 cubetti di ghiaccio
- 250 ml di acqua
- 10 ml di succo di lime
- 10 gr di prezzemolo tritato
- 5 gr di zenzero grattugiato
- 150 gr di carote tritate
- 200 gr di cavoli
- 200 gr di spinaci
- 1 banana matura congelata

Ecco come farlo:

1. Mescolare tutto in un frullatore.
2. Ridurre in purea gli ingredienti fino ad ottenere una consistenza liscia o la consistenza desiderata.

Frullato purificante Toxic Blast

Ingredienti:

- ☒ 150 ml di acqua
- ☒ 2-3 cubetti di ghiaccio
- ☒ 150 gr di fragole
- ☒ 1 banana
- ☒ 250 gr di mirtilli
- ☒ 1 manciata di spinaci

Ecco come farlo:

1. Mescolare tutto in un frullatore.
2. Ridurre in purea gli ingredienti fino ad ottenere una consistenza liscia o la consistenza desiderata.

Frullato Disintossicante Verde di Mela e Cavolo

Ingredienti:

- ☒ 5 ml di miele
- ☒ 10 gr di farina di lino macinata
- ☒ ½ mela verde o rossa, tritata
- ☒ 1 costola di sedano tritata
- ☒ 300 gr di cavolo tritato
- ☒ 200 gr di ghiaccio
- ☒ 200 ml di latte di mandorle non zuccherato

Ecco come farlo:

1. Mescolare tutto in un frullatore.
2. Ridurre in purea gli ingredienti fino ad ottenere una consistenza liscia o la consistenza desiderata.

Frullato di Spirito Dolce

Ingredienti:

- 1 cucchiaio di vaniglia proteine in polvere
- 2 gr di spirulina
- 150 ml di latte di mandorla non
- ½ Avocado
- 150 gr di mirtilli
- ½ Banana

Ecco come farlo:

1. Mescolare tutto in un frullatore.
2. Ridurre in purea gli ingredienti fino ad ottenere una consistenza liscia o la consistenza desiderata.

Frullato di Beatitudine di Alcalinità

Ingredienti:

- 1 cucchiaio di proteine in polvere, la vostra scelta di sapore
- 5 gr di semi di chia
- 250 ml di latte di mandorla
- 60 ml di acqua di cocco
- 250 gr di spinaci
- ½ Avocado
- ½ pera

Ecco come farlo:

1. Mescolare tutto in un frullatore.
2. Ridurre in purea gli ingredienti fino ad ottenere una consistenza liscia o la consistenza desiderata.

Frullato Campi di Fragole

Ingredienti:

- ☒ 300 gr di spinaci
- ☒ 1 banana
- ☒ 1 arancia pelata
- ☒ 10 gr scorza di limone
- ☒ 500 gr di fragole
- ☒ 750 ml di latte di arachidi

Ecco come farlo:

1. Mescolare tutto in un frullatore.
2. Ridurre in purea gli ingredienti fino ad ottenere una consistenza liscia o la consistenza desiderata.

Frullato Siciliano

Ingredienti:

- ☒ 1 peperone rosso jalapeno con semi
- ☒ 250 gr di spinaci
- ☒ 250 ml di crescione
- ☒ 4 gambi di sedano
- ☒ 4 spicchi d'aglio tritati
- ☒ 2 peperoni
- ☒ 3 pomodori
- ☒ 6 carote

Ecco come farlo:

1. Mescolare tutto in un frullatore.
2. Ridurre in purea gli ingredienti fino ad ottenere una consistenza liscia o la consistenza desiderata.

Frullato Di Lavanda Mirtillo

Ingredienti:

- ☒ 1 limone
- ☒ 50 gr di mirtilli
- ☒ 250 ml di acqua alcalina

Ecco come farlo:

1. Mescolare tutto in un frullatore.
2. Ridurre in purea gli ingredienti fino ad ottenere una consistenza liscia o la consistenza desiderata.

Dimagrimento

Frullato Di Lavanda Mirtillo

Ingredienti:

- ☒ 10 ml di olio di semi di lino
- ☒ 1 banana
- ☒ 250 gr di mirtilli

Ecco come farlo:

1. Mescolare tutto in un frullatore.
2. Ridurre in purea gli ingredienti fino ad ottenere una consistenza liscia o la consistenza desiderata.

Frullato al Cioccolato e Lamponi

Ingredienti:

- 150 ml di latte di mandorle non zuccherato
- 60 gr di gocce di cioccolato
- 250 ml di lamponi

Ecco come farlo:

1. Mescolare tutto in un frullatore.
2. Ridurre in purea gli ingredienti fino ad ottenere una consistenza liscia o la consistenza desiderata.

Frullato di Mango Setoso

Ingredienti:

- ☒ 500 ml di mango
- ☒ 150 gr di avocado
- ☒ 250 ml di succo d'arancia fresco
- ☒ 50 ml di succo di lime

Ecco come farlo:

1. Mescolare tutto in un frullatore.
2. Ridurre in purea gli ingredienti fino ad ottenere una consistenza liscia o la consistenza desiderata.

Frullato Verde alle Mandorle

Ingredienti:

- ☒ 150 ml di latte di mandorle non zuccherato
- ☒ 50 gr di burro di mandorle
- ☒ 1 banana
- ☒ 350 ml di acqua

Ecco come farlo:

1. Mescolare tutto in un frullatore.
2. Ridurre in purea gli ingredienti fino ad ottenere una consistenza liscia o la consistenza desiderata.

Frullato di Agrumi al Limone e Arancia

Ingredienti:

- ☒ 150 ml di latte scremato
- ☒ 50 gr di yogurt al limone
- ☒ 1 arancia pelata
- ☒ 20 ml di olio di semi di lino
- ☒ 3-4 cubetti di ghiaccio

Ecco come farlo:

1. Mescolare tutto in un frullatore.
2. Ridurre in purea gli ingredienti fino ad ottenere una consistenza liscia o la consistenza desiderata.

Frullato di Mela Blaster

Ingredienti:

- ☒ 150 ml di acqua
- ☒ 2 gambi di sedano
- ☒ pezzo da 1 pollice zenzero, grattugiato
- ☒ 3 carote
- ☒ 2 mele medie di scelta

Ecco come farlo:

1. Mescolare tutto in un frullatore.
2. Ridurre in purea gli ingredienti fino ad ottenere una consistenza liscia o la consistenza desiderata.

Frullato Versatile

Ingredienti:

- ☒ 1 pollice di zenzero grattugiato
- ☒ Manciata di spinaci
- ☒ 250 ml di acqua
- ☒ 1 limone

Ecco come farlo:

1. Mescolare tutto in un frullatore.
2. Ridurre in purea gli ingredienti fino ad ottenere una consistenza liscia o la consistenza desiderata.

Frullato Verde Brucia Grassi

Ingredienti:

- ☒ 10 gr di semi di chia
- ☒ 10 gr di zenzero
- ☒ 250 gr di pezzi di ananas congelati
- ☒ 250 ml di latte di mandorle non zuccherato
- ☒ 1 banana
- ☒ 2 manciate spinaci baby

Ecco come farlo:

1. Mescolare tutto in un frullatore.
2. Ridurre in purea gli ingredienti fino ad ottenere una consistenza liscia o la consistenza desiderata.

Frullato di Mango Frutto della Passione

Ingredienti:

- ☒ 300 gr di marmellata di arance
- ☒ 1 mango
- ☒ 1 banana
- ☒ 3 frutti della passione

Ecco come farlo:

1. Mescolare tutto in un frullatore.
2. Ridurre in purea gli ingredienti fino ad ottenere una consistenza liscia o la consistenza desiderata.

Frullato Verde Fruttato

Ingredienti:

- 10 ml di succo di limone
- 5 gr di zenzero grattugiato
- 300 ml di acqua
- 1 pera tritata
- 500 gr di spinaci

Ecco come farlo:

1. Mescolare tutto in un frullatore.
2. Ridurre in purea gli ingredienti fino ad ottenere una consistenza liscia o la consistenza desiderata.

Frullato di Semi di Cavolo Riccio e Chia

Ingredienti:

- 10 ml di succo di limone
- 250 gr di yogurt
- 10 gr di semi di chia
- 1 banana
- 2 foglie di cavolo

Ecco come farlo:

1. Mescolare tutto in un frullatore.
2. Ridurre in purea gli ingredienti fino ad ottenere una consistenza liscia o la consistenza desiderata.

Frullato Bruciagrassi Saporito

Ingredienti:

- ☒ 10 gr di semi di lino
- ☒ 250 ml di acqua
- ☒ 1 limone
- ☒ 3 fette di ananas

Ecco come farlo:

1. Mescolare tutto in un frullatore.
2. Ridurre in purea gli ingredienti fino ad ottenere una consistenza liscia o la consistenza desiderata.

Frullato Proteico Verde alla Pera Matcha

Ingredienti:

- 2 gr di polvere di tè matcha
- 1 pera
- 250 gr di spinaci
- 250 ml di latte di mandorle non zuccherato
- 2 misurini vaniglia proteine in polvere

Ecco come farlo:

1. Mescolare tutto in un frullatore.
2. Ridurre in purea gli ingredienti fino ad ottenere una consistenza liscia o la consistenza desiderata.

Frullato di Anguria

Ingredienti:

- ☒ 12 cubetti di ghiaccio
- ☒ 250 ml di sorbetto al limone
- ☒ 1.5 kg anguria senza semi

Ecco come farlo:

1. Mescolare tutto in un frullatore.
2. Ridurre in purea gli ingredienti fino ad ottenere una consistenza liscia o la consistenza desiderata.

Frullato Di Spinaci Verdi

Ingredienti:

- ☒ 250 ml di acqua
- ☒ 2 ml di burro di arachidi
- ☒ 1 banana
- ☒ 250 gr di spinaci
- ☒ 1 avocado

Ecco come farlo:

1. Mescolare tutto in un frullatore.
2. Ridurre in purea gli ingredienti fino ad ottenere una consistenza liscia o la consistenza desiderata.

Pelle Radiosa

Frullato di Zucca Potente

Ingredienti:

- ☒ 2 gr di spezie per la torta di zucca
- ☒ 2 gr di semi di lino macinati
- ☒ ½ Avocado
- ☒ 150 ml di acqua
- ☒ 200 gr di 2% Yogurt greco
- ☒ 150 gr di zucca pura in scatola

Ecco come farlo:

1. Mescolare tutto in un frullatore.
2. Ridurre in purea gli ingredienti fino ad ottenere una consistenza liscia o la consistenza desiderata.

Frullato a Sorpresa al Mango

Ingredienti:

- ☒ 6 cubetti di ghiaccio
- ☒ 10 gr di zucchero
- ☒ 5 ml di succo di limone
- ☒ 50 ml di yogurt alla vaniglia senza grassi
- ☒ 50 gr di purè di avocado
- ☒ 50 gr di cubetti di mango
- ☒ 150 ml di succo di mango

Ecco come farlo:

1. Mescolare tutto in un frullatore.
2. Ridurre in purea gli ingredienti fino ad ottenere una consistenza liscia o la consistenza desiderata.

Super Frullato Verde

Ingredienti:

- ☒ 50 gr di menta tritata
- ☒ 50 gr di prezzemolo tritato
- ☒ 250 ml succo d'arancia refrigerato
- ☒ 2 costola di sedano tritate
- ☒ 300 gr di mango congelato a cubetti
- ☒ 300 gr di cavolo tritato

Ecco come farlo:

1. Mescolare tutto in un frullatore.
2. Ridurre in purea gli ingredienti fino ad ottenere una consistenza liscia o la consistenza desiderata.

Frullato di Melone Zenzero

Ingredienti:

- ☒ 5 gr di zenzero grattugiato
- ☒ 30 gr di zucchero
- ☒ 170 gr di basso contenuto di grassi yogurt bianco
- ☒ 500 gr di melone a cubetti
- ☒ 20 cubetti di ghiaccio

Ecco come farlo:

1. Mescolare tutto in un frullatore.
2. Ridurre in purea gli ingredienti fino ad ottenere una consistenza liscia o la consistenza desiderata.

Frullato Sano ad Alto Contenuto di Vitamina C

Ingredienti:

- ☒ 50 gr di cubetti di ghiaccio
- ☒ 1 costa di sedano tritata
- ☒ 50 gr di coriandolo
- ☒ 150 ml di succo di arancia o mandarino
- ☒ 2 kiwi pelati / tritati
- ☒ 250 gr di cavolo tritato

Ecco come farlo:

1. Mescolare tutto in un frullatore.
2. Ridurre in purea gli ingredienti fino ad ottenere una consistenza liscia o la consistenza desiderata.

Frullato di Torta di Carote

Ingredienti:

- ☒ Cubetti di ghiaccio
- ☒ 2g glucomannano
- ☒ 1 gr di cannella
- ☒ 2 ml di olio di colza
- ☒ 10 gr di formaggio cremoso ammorbidito
- ☒ 20 gr di germe di grano tostato
- ☒ 1 cucchiaio di vaniglia proteine in polvere
- ☒ 150 ml di succo di carota non zuccherato

Ecco come farlo:

1. Mescolare tutto in un frullatore.
2. Ridurre in purea gli ingredienti fino ad ottenere una consistenza liscia o la consistenza desiderata.

Frullato di Verdure Invernali

Ingredienti:

- 1 mela torsolata/tagliata
- 1 banana congelata/sbucciata/affettata
- 4 cimette di broccoli affettati / surgelati
- 250 gr di cavolo tritato
- 250 gr di spinaci
- 150 ml di succo d'arancia
- 50 ml di succo di carota

Ecco come farlo:

1. Mescolare tutto in un frullatore.
2. Ridurre in purea gli ingredienti fino ad ottenere una consistenza liscia o la consistenza desiderata.

Frullato di Albicocche

Ingredienti:

- ☒ 1 gr di estratto di mandorle
- ☒ 200 ml di yogurt gelato alla vaniglia senza grassi
- ☒ 250 ml di latte
- ☒ 12 mezze albicocche snocciolate

Ecco come farlo:

1. Mescolare tutto in un frullatore.
2. Ridurre in purea gli ingredienti fino ad ottenere una consistenza liscia o la consistenza desiderata.

Frullato di Frutta e Verdura

Ingredienti:

- 6 carote baby
- ½ banana affettata
- 250 gr di spinaci
- 250 gr di frutti di bosco congelati
- 150 gr di yogurt magro alla vaniglia
- 150 ml di succo d'arancia

Ecco come farlo:

1. Mescolare tutto in un frullatore.
2. Ridurre in purea gli ingredienti fino ad ottenere una consistenza liscia o la consistenza desiderata.

Frullato Verde della Dea

Ingredienti:

- 50 gr di foglie di menta
- 150 ml di succo d'arancia
- 150 gr di yogurt alla vaniglia congelato
- 1 kiwi sbucciato / tritato
- ½ avocado sbucciato
- 250 gr di pezzi di cetriolo
- 250 gr di spinaci baby freschi

Ecco come farlo:

1. Mescolare tutto in un frullatore.
2. Ridurre in purea gli ingredienti fino ad ottenere una consistenza liscia o la consistenza desiderata.

Frullato di Mela Sbriciolata alla Cannella

Ingredienti:

- 250 ml di latte
- 250 ml di acqua
- 50 gr di noci comuni
- 5 gr di fiocchi di quinoa
- 6 gr di cannella
- 2 pomodori tritati
- 42 gr di bietola svizzera

Ecco come farlo:

1. Mescolare tutto in un frullatore.
2. Ridurre in purea gli ingredienti fino ad ottenere una consistenza liscia o la consistenza desiderata.

Frullato Rinfrescante di Mela e Sedano

Ingredienti:

- ☒ 250 ml di latte
- ☒ 250 ml di acqua
- ☒ 3 gr di moringa
- ☒ 20 gr di nocciole crude
- ☒ 3 rametti di menta
- ☒ 1 pomodoro tritato
- ☒ 2 gambo di sedano
- ☒ 50 gr di cavolo verde

Ecco come farlo:

1. Mescolare tutto in un frullatore.
2. Ridurre in purea gli ingredienti fino ad ottenere una consistenza liscia o la consistenza desiderata.

Frullato Estivo alla Fragola al Tramonto

Ingredienti:

- 250 ml di latte
- 250 ml di latte di mandorla alla vaniglia
- 5 gr di fiocchi di cocco
- 1 arancia rossa sbucciata
- 1 pera tritata
- 250 gr di fragole

Ecco come farlo:

1. Mescolare tutto in un frullatore.
2. Ridurre in purea gli ingredienti fino ad ottenere una consistenza liscia o la consistenza desiderata.

Frullato di Fiori di Prugna allo Zenzero

Ingredienti:

- 250 ml di latte
- 250 ml di acqua
- 10 gr di semi di chia
- ½ limone spremuto
- ½ pollice di zenzero sbucciato
- 2 prugne snocciolate
- 1 arancia pelata
- 115 gr di barbabietole tritate

Ecco come farlo:

1. Mescolare tutto in un frullatore.
2. Ridurre in purea gli ingredienti fino ad ottenere una consistenza liscia o la consistenza desiderata.

Frullato di Zenzero Curcuma Giallo

Ingredienti:

- ☒ 250 ml di latte
- ☒ 250 ml di acqua
- ☒ 10 gr di semi di canapa
- ☒ ½ un pollice di zenzero sbucciato
- ☒ 3 gr di curcuma
- ☒ 30 gr di kumquat
- ☒ 1 arancia pelata
- ☒ 1 zucca gialla tritata

Ecco come farlo:

1. Mescolare tutto in un frullatore.
2. Ridurre in purea gli ingredienti fino ad ottenere una consistenza liscia o la consistenza desiderata.

Spinta di energia

Frullato di Mango, Mandarino, Caienna

Ingredienti:

- ☒ 1 gr di vaniglia
- ☒ 0.20 gr cayenna
- ☒ 10 ml di miele
- ☒ 250 gr di pezzi di mango
- ☒ 1 mandarino sbucciato / seminato
- ☒ 250 ml di latte di mandorle non zuccherato

Ecco come farlo:

1. Mescolare tutto in un frullatore.
2. Ridurre in purea gli ingredienti fino ad ottenere una consistenza liscia o la consistenza desiderata.

Frullato di Key Lime Pie

Ingredienti:

- 20 ml di miele
- 1 gr di vaniglia
- 2 banane
- 1 avocado
- 150 ml di succo di lime
- 300 ml di succo di mela

Ecco come farlo:

1. Mescolare tutto in un frullatore.
2. Ridurre in purea gli ingredienti fino ad ottenere una consistenza liscia o la consistenza desiderata.

Frullato di Banana, Menta, Acqua di cocco

Ingredienti:

- ☒ 1 gr di vaniglia
- ☒ 10 gr di semi di canapa
- ☒ 500 ml di acqua di cocco
- ☒ 1 manciata di foglie di menta
- ☒ 5 banane congelate

Ecco come farlo:

1. Mescolare tutto in un frullatore.
2. Ridurre in purea gli ingredienti fino ad ottenere una consistenza liscia o la consistenza desiderata.

Frullato di Lamponi, Cacao, Maca

Ingredienti:

- 2 gr di cannella
- 3 gr di polvere di lucuma
- 1 gr di vaniglia
- 3 gr di polvere di maca
- 50 gr di anacardi
- 10 gr di pennini di cacao crudo
- 250 gr di spinaci baby freschi
- 150 gr di mirtilli congelati

Ecco come farlo:

1. Mescolare tutto in un frullatore.
2. Ridurre in purea gli ingredienti fino ad ottenere una consistenza liscia o la consistenza desiderata.

Frullato di Zenzero, Pera, Lemongrass

Ingredienti:

- ☒ 500 ml di latte di cocco
- ☒ 5 ml di miele crudo
- ☒ ¼ di pollice radice di zenzero
- ☒ 1-2 gambi lemongrass
- ☒ 1 banana congelata
- ☒ 1 pera con il torsolo

Ecco come farlo:

1. Mescolare tutto in un frullatore.
2. Ridurre in purea gli ingredienti fino ad ottenere una consistenza liscia o la consistenza desiderata.

Frullato di Banana, Curcuma, Chai

Ingredienti:

- ¼ di pollice radice di curcuma
- ¼ di pollice radice di zenzero
- 1 gr di vaniglia
- 3 gr di polvere di lucuma
- 5-10 ml di miele crudo
- 50 gr di fiocchi d'avena
- 500 ml di tè chai refrigerato
- 2 banane congelate

Ecco come farlo:

1. Mescolare tutto in un frullatore.
2. Ridurre in purea gli ingredienti fino ad ottenere una consistenza liscia o la consistenza desiderata.

Frullato di Frutti di bosco e Noci del Brasile

Ingredienti:

- ☒ 500 ml di succo di mela
- ☒ 6 gr di guaranà in polvere
- ☒ 50 gr di noci brasiliane
- ☒ 250 gr di spinaci baby freschi
- ☒ 1 banana congelata
- ☒ 500 gr di frutti di bosco congelati
- ☒ Miele crudo, a piacere

Ecco come farlo:

1. Mescolare tutto in un frullatore.
2. Ridurre in purea gli ingredienti fino ad ottenere una consistenza liscia o la consistenza desiderata.
3. Regolare la dolcezza del frullato con miele crudo.

Frullato di Cioccolato, Chia, Banana

Ingredienti:

- 3 gr di polvere di lucuma
- 1 gr di vaniglia
- 500 ml di latte di nocciole
- 10 gr di pennini di cacao crudo
- 20 gr di semi di chia imbevuti
- 250 gr di spinaci baby freschi
- 2 banane congelate

Ecco come farlo:

1. Mescolare tutto in un frullatore.
2. Ridurre in purea gli ingredienti fino ad ottenere una consistenza liscia o la consistenza desiderata.

Frullato di Banana Matcha Energizzante

Ingredienti:

- ☒ 5-10 ml di miele
- ☒ 5-10 gr di polvere di matcha
- ☒ 500 ml di latte di mandorla
- ☒ 250 gr di lattuga romana
- ☒ 2 banane congelate

Ecco come farlo:

1. Mescolare tutto in un frullatore.
2. Ridurre in purea gli ingredienti fino ad ottenere una consistenza liscia o la consistenza desiderata.

Frullato Energizzante di Cavolo e Lavanda

Ingredienti:

- 1 gr di vaniglia
- 3 gr di polvere di lucuma
- 50 gr di anacardi grezzi
- 100 gr di fiocchi d'avena
- 250 ml di succo di mela
- 250 ml di cavolo latte
- 250 ml di gelsi
- 1 banana congelata

Ecco come farlo:

1. Mescolare tutto in un frullatore.
2. Ridurre in purea gli ingredienti fino ad ottenere una consistenza liscia o la consistenza desiderata.

Frullato di Yogurt alla Vaniglia alla Pesca

Ingredienti:

- 100 gr di yogurt gelato alla vaniglia senza grassi
- 1 pesca
- 250 ml di latte di soia

Ecco come farlo:

1. Mescolare tutto in un frullatore.
2. Ridurre in purea gli ingredienti fino ad ottenere una consistenza liscia o la consistenza desiderata.

Frullato di Vaniglia e Banana alle Bacche

Ingredienti:

- 1 gr di vaniglia
- ½ banana congelata
- 50 gr di uve rosse congelate
- 50 gr di more congelate
- 50 gr di mirtilli congelati
- 50 gr di 1%-ricotta grassa
- 250 ml di latte non grasso

Ecco come farlo:

1. Mescolare tutto in un frullatore.
2. Ridurre in purea gli ingredienti fino ad ottenere una consistenza liscia o la consistenza desiderata.

Frullato di Uva Verde

Ingredienti:

- ☒ 500 ml di ghiaccio
- ☒ 150 ml di acqua
- ☒ 5 gr di semi di chia
- ☒ 1 banana
- ☒ 1 arancia pelata
- ☒ 1 pera con il torsolo
- ☒ 250 gr di uva verde
- ☒ 250 gr di cavolo tritato
- ☒ 250 gr di spinaci

Ecco come farlo:

1. Mescolare tutto in un frullatore.
2. Ridurre in purea gli ingredienti fino ad ottenere una consistenza liscia o la consistenza desiderata.

Frullato di Pesca e Arancia

Ingredienti:

- 250 ml di latte senza grassi
- 20 gr di semi di lino macinati
- 150 ml di succo d'arancia
- 500 gr di pesche a fette
- 500 gr di gelato leggero

Ecco come farlo:

1. Mescolare tutto in un frullatore.
2. Ridurre in purea gli ingredienti fino ad ottenere una consistenza liscia o la consistenza desiderata.

Frullato di Mango Fragola

Ingredienti:

- 5 gr di semi di chia
- 50 ml di tè verde
- 10 ml di Yogurt greco
- 50 gr di peperone rosso
- 50 gr di carote
- 50 gr di cavolo nero
- 50 gr di fette di pesca congelate
- 50 gr di uve rosse
- 150 gr di mango congelati
- 250 gr di fragole

Ecco come farlo:

1. Mescolare tutto in un frullatore.
2. Ridurre in purea gli ingredienti fino ad ottenere una consistenza liscia o la consistenza desiderata.

Anti-invecchiamento

Frullato di Brezza al Mirtillo

Ingredienti:

- 1 manciata di menta tritata
- 5 gr di semi di chia
- 10 ml di succo di limone
- 250 ml di acqua di cocco
- 250 gr di fragole
- 250 gr di mirtilli congelati

Ecco come farlo:

1. Mescolare tutto in un frullatore.
2. Ridurre in purea gli ingredienti fino ad ottenere una consistenza liscia o la consistenza desiderata.

Frullato di Chia Tropicale

Ingredienti:

- ⊠ 250 ml di acqua di cocco
- ⊠ 10 gr di semi di chia
- ⊠ 250 gr di ananas
- ⊠ 100 gr di mango

Ecco come farlo:

1. Mescolare tutto in un frullatore.
2. Ridurre in purea gli ingredienti fino ad ottenere una consistenza liscia o la consistenza desiderata.

Frullato di Sogno al Cacao e Banana

Ingredienti:

- ☒ 250 ml di latte di mandorle non zuccherato
- ☒ 10 gr di cacao in polvere
- ☒ 6 fragole
- ☒ 1 banana

Ecco come farlo:

1. Mescolare tutto in un frullatore.
2. Ridurre in purea gli ingredienti fino ad ottenere una consistenza liscia o la consistenza desiderata.

Frullato di Potenza alle Bacche

Ingredienti:

- ☒ Cubetti di ghiaccio
- ☒ 100 ml di succo d'arancia non zuccherato
- ☒ 10 ml di miele
- ☒ 1 manciate di semi di sesamo
- ☒ 150 gr di mirtilli
- ☒ 150 gr di fragole congelate

Ecco come farlo:

1. Mescolare tutto in un frullatore.
2. Ridurre in purea gli ingredienti fino ad ottenere una consistenza liscia o la consistenza desiderata.

Smoothie Verde Croccante del Mostro

Ecco come farlo:

- ☒ Pochi cubetti di ghiaccio
- ☒ 10 gr di semi di chia
- ☒ 1 mela
- ☒ 1 manciata di cavolo
- ☒ 1 banana
- ☒ 300 ml di latte di mandorle non zuccherato

Ecco come farlo:

1. Mescolare tutto in un frullatore.
2. Ridurre in purea gli ingredienti fino ad ottenere una consistenza liscia o la consistenza desiderata.

Frullato di Delizia Tropicale

Ingredienti:

- ☒ 2-3 cubetti di ghiaccio
- ☒ 250 gr di succo di arancia
- ☒ 1 manciata di semi di lino
- ☒ 2 kiwi
- ☒ 2 manghi
- ☒ Mezzo ananas

Ecco come farlo:

1. Mescolare tutto in un frullatore.
2. Ridurre in purea gli ingredienti fino ad ottenere una consistenza liscia o la consistenza desiderata.

Frullato di Delizia al Cacao e ai Datteri

Ingredienti:

- Pizzico di cannella
- 150 ml di latte di mandorle non zuccherato
- 1 gr di vaniglia
- 10 gr di cacao in polvere
- 4 noci metà
- 5 datteri snocciolati

Ecco come farlo:

1. Mescolare tutto in un frullatore.
2. Ridurre in purea gli ingredienti fino ad ottenere una consistenza liscia o la consistenza desiderata.

Frullato di Bacche Miste Anti-invecchiamento

Ingredienti:

- 4 cubetti di ghiaccio
- ½ Banana
- 10 ml di miele
- 10 gr di semi di lino
- 150 ml di latte di mandorla non
- 100 gr di lamponi
- 250 gr di mirtilli

Ecco come farlo:

1. Mescolare tutto in un frullatore.
2. Ridurre in purea gli ingredienti fino ad ottenere una consistenza liscia o la consistenza desiderata.

Frullato di Mirtillo Pesca

Ingredienti:

- ☒ 200 ml di latte di mandorla alla vaniglia non zuccherato
- ☒ 300 gr di pesche a fette
- ☒ 150 gr di mirtilli congelati

Ecco come farlo:

1. Mescolare tutto in un frullatore.
2. Ridurre in purea gli ingredienti fino ad ottenere una consistenza liscia o la consistenza desiderata.

Frullato di Bellezza alle Bacche

Ingredienti:

- ☒ 50 ml di acqua
- ☒ 200 ml di latte di soia
- ☒ 10 gr di semi di lino
- ☒ 100 gr di ananas a pezzi
- ☒ 100 gr di frutti di bosco congelati
- ☒ 50 gr di kiwi sbucciato/affettato
- ☒ 1 banana

Ecco come farlo:

1. Mescolare tutto in un frullatore.
2. Ridurre in purea gli ingredienti fino ad ottenere una consistenza liscia o la consistenza desiderata.

Vitamina E Frullato verde

Ingredienti:

- 250 gr di spinaci
- ½ Avocado
- 50 ml di Succo di limone fresco
- 250 ml di latte di mandorla
- 50 gr di semi di girasole
- 1 banana

Ecco come farlo:

1. Mescolare tutto in un frullatore.
2. Ridurre in purea gli ingredienti fino ad ottenere una consistenza liscia o la consistenza desiderata.

Frullato di Invecchiamento Tropicale

Ingredienti:

- 250 gr di mirtilli
- 50 ml di Succo di limone fresco
- 250 ml di acqua di cocco
- 250 gr di fragole
- Manciata di menta
- 50 gr di semi di chia

Ecco come farlo:

1. Mescolare tutto in un frullatore.
2. Ridurre in purea gli ingredienti fino ad ottenere una consistenza liscia o la consistenza desiderata.

Frullato di Potere Anti-invecchiamento a Base di Foglie

Ingredienti:

- ☒ 500 gr di foglie di cavolo
- ☒ 50 ml di Succo di limone fresco
- ☒ 2 mele con il torsolo
- ☒ 250 gr di carote tritate
- ☒ 250 ml di acqua di cocco

Ecco come farlo:

1. Mescolare tutto in un frullatore.
2. Ridurre in purea gli ingredienti fino ad ottenere una consistenza liscia o la consistenza desiderata.

Frullato di Chia

Ingredienti:

- ☒ 250 ml di acqua di cocco
- ☒ 500 ml di mango
- ☒ 250 gr di ananas
- ☒ 50 gr di semi di chia

Ecco come farlo:

1. Mescolare tutto in un frullatore.
2. Ridurre in purea gli ingredienti fino ad ottenere una consistenza liscia o la consistenza desiderata.

Frullato di Shake alla Ciliegia

Ingredienti:

- ½ Banana
- 500 gr di spinaci
- 250 gr di ciliegie
- 20 ml di olio di colza
- 250 ml di latte di cocco

Ecco come farlo:

1. Mescolare tutto in un frullatore.
2. Ridurre in purea gli ingredienti fino ad ottenere una consistenza liscia o la consistenza desiderata.

Superfood

Frullato di Bacche di Goji alla Fragola

Ingredienti:

- ☒ Ghiaccio
- ☒ 500 ml di latte di mandorla
- ☒ 2 gr di miele
- ☒ 250 gr di fragole
- ☒ 20 gr di bacche di goji essiccate

Ecco come farlo:

1. Mescolare tutto in un frullatore.
2. Ridurre in purea gli ingredienti fino ad ottenere una consistenza liscia o la consistenza desiderata.

Frullato di Cavolo Nero

Ingredienti:

- [x] 2-5 gr di miele
- [x] 20 ml di burro di arachidi
- [x] 50 gr di ananas congelato
- [x] 50 gr di yogurt greco
- [x] 1 banana congelata
- [x] 200 ml di latte di mandorla
- [x] 500 gr di cavolo

Ecco come farlo:

1. Mescolare tutto in un frullatore.
2. Ridurre in purea gli ingredienti fino ad ottenere una consistenza liscia o la consistenza desiderata.

Frullato di Lino al Mirtillo

Ingredienti:

- 250 ml di latte di cocco
- 50 gr di yogurt greco
- Manciata di spinaci
- 10 gr di semi di lino
- 250 gr di mirtilli congelati

Ecco come farlo:

1. Mescolare tutto in un frullatore.
2. Ridurre in purea gli ingredienti fino ad ottenere una consistenza liscia o la consistenza desiderata.

Frullato di Tè Verde Speziato

Ingredienti:

- ☒ 6-8 cubetti di ghiaccio
- ☒ 20 gr di yogurt bianco
- ☒ 1 pera
- ☒ 2 gr di miele
- ☒ Succo di 1 limone
- ☒ 0.20 gr cayenna
- ☒ 200 ml di tè verde refrigerato

Ecco come farlo:

1. Mescolare tutto in un frullatore.
2. Ridurre in purea gli ingredienti fino ad ottenere una consistenza liscia o la consistenza desiderata.

Ciotola di Frullato di Bacche Antiossidanti

Ingredienti:

- 50 gr di semi di melograno
- 5 gr di fiocchi di cocco
- 10 gr di pepite
- 5 gr di semi di chia
- More e lamponi freschi
- ½ Banana
- 150 ml di latte di mandorla non
- 10 gr di semi di canapa
- 150 gr di mirtilli congelati
- 1 banana congelata

Ecco come farlo:

1. Mescolare tutto in un frullatore.
2. Ridurre in purea gli ingredienti fino ad ottenere una consistenza liscia o la consistenza desiderata.
3. Versare il composto frullato nella ciotola e top con condimenti desiderati.

Frullato Di Avocado con Cioccolato

Ingredienti:

- 500 ml di latte di cocco
- 10-20 gr di cacao in polvere
- 150 gr di mirtilli congelati
- 2 banane congelate
- 1 avocado

Ecco come farlo:

1. Mescolare tutto in un frullatore.
2. Ridurre in purea gli ingredienti fino ad ottenere una consistenza liscia o la consistenza desiderata.

Frullato di Quinoa di Prugne

Ingredienti:

- 4-5 cubetti di ghiaccio
- 1 gr di cannella
- 1 gr di vaniglia
- 250 ml di latte di mandorla
- 50 gr di quinoa cotta
- ½ banana congelata
- 1 prugna matura snocciolata/tagliata

Ecco come farlo:

1. Mescolare tutto in un frullatore.
2. Ridurre in purea gli ingredienti fino ad ottenere una consistenza liscia o la consistenza desiderata.

Frullato di Avena Cocco

Ingredienti:

- 120 gr di ghiaccio
- 70 m di succo di limone
- 10 ml di miele
- 20 ml di olio di cocco
- 80 gr di yogurt greco
- 50 gr di fiocchi d'avena
- ½ Banana

Ecco come farlo:

1. Mescolare tutto in un frullatore.
2. Ridurre in purea gli ingredienti fino ad ottenere una consistenza liscia o la consistenza desiderata.

Frullato di Palude

Ingredienti:

- 10 gr di semi di canapa
- 30 gr di polvere di proteine di canapa
- 10 gr di cacao in polvere
- 250 ml di latte di mandorla
- 1 manciata di spinaci
- 100 gr di broccoli a pezzi
- ½ Banana
- 250 gr di fragole

Ecco come farlo:

1. Mescolare tutto in un frullatore.
2. Ridurre in purea gli ingredienti fino ad ottenere una consistenza liscia o la consistenza desiderata.

Frullato di Curcuma al Cocco

Ingredienti:

- 2 gr di maca
- 5 gr di semi di chia
- 10 gr di zenzero
- 2 gr di cannella
- 2-5 gr di curcuma
- 10 ml di olio di cocco
- 1 banana congelata
- 150 gr di ananas congelata
- 250 ml di latte di cocco

Ecco come farlo:

1. Mescolare tutto in un frullatore.
2. Ridurre in purea gli ingredienti fino ad ottenere una consistenza liscia o la consistenza desiderata.

Frullato di Mela verde

Ingredienti:

- ☒ 10 gr di semi di chia
- ☒ 2 gr di cannella
- ☒ 2 gr di zenzero tritato
- ☒ 1 banana
- ☒ 250 gr di succo di arancia
- ☒ 1 mela
- ☒ 350 ml di acqua

Ecco come farlo:

1. Mescolare tutto in un frullatore.
2. Ridurre in purea gli ingredienti fino ad ottenere una consistenza liscia o la consistenza desiderata.

Frullato Babe Ruth

Ingredienti:

- ☒ 10 gr di semi di chia
- ☒ 250 gr di spinaci
- ☒ 150 gr di yogurt greco
- ☒ 500 gr di succo di arancia
- ☒ 1 banana
- ☒ 150 gr di ananas
- ☒ 250 gr di fragole

Ecco come farlo:

1. Mescolare tutto in un frullatore.
2. Ridurre in purea gli ingredienti fino ad ottenere una consistenza liscia o la consistenza desiderata.

Frullato di Mandorle e Ciliegie Dolci

Ingredienti:

- ☒ Ghiaccio
- ☒ 1 banana
- ☒ 1 cucchiaio proteine in polvere
- ☒ 250 ml di latte di mandorla
- ☒ 300 gr di ciliegie congelate

Ecco come farlo:

1. Mescolare tutto in un frullatore.
2. Ridurre in purea gli ingredienti fino ad ottenere una consistenza liscia o la consistenza desiderata.

Bella Verdi Frullato

Ingredienti:

- ☒ 1 banana
- ☒ Ghiaccio
- ☒ 300 gr di marmellata di arance
- ☒ 150 gr di uva
- ☒ 500 gr di spinaci
- ☒ 250 gr di ananas

Ecco come farlo:

1. Mescolare tutto in un frullatore.
2. Ridurre in purea gli ingredienti fino ad ottenere una consistenza liscia o la consistenza desiderata.

Frullato Potente al Cioccolato

Ingredienti:

- 10 gr di burro di mandorle
- 1 banana
- 250 gr di spinaci
- 150 gr di mirtilli
- 1 scoop cioccolato proteine in polvere
- 250 ml di latte di cocco
- Ghiaccio

Ecco come farlo:

1. Mescolare tutto in un frullatore.
2. Ridurre in purea gli ingredienti fino ad ottenere una consistenza liscia o la consistenza desiderata.

Conclusione

Voglio congratularmi con voi per essere arrivati alla fine di *Il libro completo di ricette per frullati sani*.

Se sei seriamente intenzionato a rimetterti in salute e a diventare la versione più sana di te stesso possibile, allora tutte queste ricette di frullati ti torneranno utili in qualsiasi momento della giornata quando sei a corto di tempo!

Smettila di cadere vittima di cibi pronti pieni di grassi e carboidrati e prepara invece un frullato! Come avete letto, tutte le ricette di frullati hanno qualcosa di un po' diverso da offrire al vostro corpo rispetto alla prossima. Spero che troviate una ricetta di frullato per tutte le parti della vostra giornata per aiutarvi a sentirvi meglio, pieni di energia e motivati ad affrontare la vita ogni giorno!

Libro di Ricette per la Zuppa In Italiano/ Book of Recipes for the Soup In Italian

Introduzione

Voglio ringraziarti per aver acquistato il ricettario completo di ricette per la zuppa.

Quando si tratta di prendersi cura della nostra salute, può essere schiacciante con le centinaia di migliaia di ricette là fuori; quali sono i migliori per noi? Quali sono quelli che richiedono poco tempo per essere fatti? Quali hanno gli ingredienti migliori e facilmente reperibili?

Per fortuna, sei solo un libro di cucina lontano da essere in grado di montare una varietà di zuppe in una pletora di macchine nella tua cucina! Puoi essere il padrone del tempo con la tua pentola lenta, la pentola istantanea o il buon vecchio fornello. Non importa il tempo, l'energia o gli ingredienti che avete, questo libro ha una ricetta di zuppa adatta alle vostre esigenze qui e ora.

Questo libro di cucina specifico per le zuppe è pieno di una varietà di zuppe, da quelle sostanziose e carnose a quelle fredde e così semplici da fare. Se state cercando di sfruttare al meglio il vostro tempo mentre preparate i pasti, perdete peso o semplicemente vi sentite fisicamente meglio, tutte queste zuppe vi aiuteranno a fare proprio questo!

Mentre c'è una pletora di libri di cucina con ricette di zuppe sul mercato oggi, non c'è nessuno come questo, ed è per questo che voglio ringraziarvi ancora per aver scelto questo. Ogni sforzo è stato fatto per garantire che sia pieno di quante più informazioni utili possibili, si prega di godere!

Zuppe di verdure

Zuppa di cavolfiore caricata

Cosa c'è dentro:

- ☒ 100 gr di half half
- ☒ 250 gr di formaggio cheddar tagliente tagliuzzato
- ☒ 750 ml di brodo di pollo
- ☒ 1 gr di sale
- ☒ 1 testa di cavolfiore
- ☒ 20 gr di Burro
- ☒ ½ Cipolla tritata
- ☒ 115 gr di crema di formaggio
- ☒ 0.10 gr di aglio in polvere

Topping:

- ☒ Cipolle verdi
- ☒ 8-10 strisce pancetta
- ☒ Panna acida
- ☒ Formaggio cheddar affilato grattugiato

Come è fatto:

1. Sbucciare la cipolla e tagliarla a pezzi.
2. Tagliare le foglie di cavolfiore e tagliarle a pezzi.
3. Premere SAUTE sulla pentola istantanea. Sciogliere il burro e versare la cipolla, saltando 2-3 minuti.
4. Aggiungere cavolfiore, sale, aglio in polvere e brodo di pollo.

5. Bloccare il coperchio e premere MANUALE. Cuocere in ALTO 5 minuti.
6. Eseguire un rilascio rapido.
7. Come cuoce la zuppa, cuoci la pancetta.
8. Controlla se il cavolfiore è tenero. Quindi spingere TENERE IN CALDO sulla pentola.
9. Con un frullatore ad immersione, zuppa di purea. Aggiungere più azione per regolare lo spessore se si sceglie.
10. Versare la crema di formaggio e formaggio grattugiato, mescolando per combinare.
11. Quindi aggiungere half half, e condire con pepe e sale per ottenere il gusto desiderato.
12. Servire la zuppa calda insieme a cipolla verde, pancetta sbriciolata, panna acida e formaggio grattugiato.

Zuppa di peperone non imbottita

Cosa c'è dentro:

- ☒ 500 ml di acqua
- ☒ 450 gr di carne macinata
- ☒ 10ml Condimento italiano
- ☒ 30 ml di cocco aminos
- ☒ 2 lattine da 10 once Rotel
- ☒ 230 gr di salsa di pomodoro - senza zucchero aggiunto
- ☒ 2 spicchi d'aglio tritati
- ☒ 250 ml di cipolla tagliata a dadini
- ☒ 1 pezzo di ogni pepe:
  - ○ Giallo
  - ○ Rosso
  - ○ Verde
  - ○ Arancia

Come è fatto:

1. Mescolare insieme tutti i componenti della ricetta.
2. Versare il composto in crockpot.
3. Impostare a cuocere in basso 6-8 ore.

Zuppa di broccoli al formaggio

Cosa c'è dentro:

- 5 gr di pepe e sale
- 250 gr di carote tritate
- 0.10 gr di aglio in polvere
- 1 mazzo di broccoli
- 250 gr di panna
- 1 l di brodo di pollo
- 10 gr di cacao in polvere
- 500 gr di formaggio cheddar tagliuzzato

Come è fatto:

1. Girare pentola istantanea a SAUTE.
2. Mettere il burro in una pentola e sciogliere.
3. Versare pepe, sale, cipolla in polvere, aglio in polvere, brodo di pollo, carote e broccoli nella pentola istantanea. Impostare a cuocere in alto per 5 minuti.
4. Eseguire un rilascio rapido.
5. Mescolare con la panna e formaggio cheddar.

Zuppa di zucca

Cosa c'è dentro:

- ☒ 100 ml di latte di cocco non zuccherato
- ☒ Pizzico di noce moscata
- ☒ Pizzico di cannella
- ☒ Un pizzico di cannella
- ☒ 1 cipolla rossa tagliata a dadini
- ☒ 1 rametto di salvia
- ☒ 1 zucca butternut
- ☒ 1 mela granny smith
- ☒ Un pizzico di pepe di cayenna
- ☒ 1 carota
- ☒ 2 spicchi di aglio tritato
- ☒ 500 ml di brodo vegetale
- ☒ 1 gr di sale

Come è fatto:

1. Tagliare zucca, carote e mela.
2. Versare il brodo vegetale nel fornello insieme a noce moscata, cannella, caienna, pepe, sale, cipolla, salvia, zucca, mela, carota e aglio.
3. Impostare per riscaldare in basso 6-8 ore o impostare per riscaldare 3 a 4 ore in alto. La zucca dovrebbe essere tenera.
4. Rimuovere la salvia e mescolare nel latte di cocco.
5. Con un frullatore a immersione, frullare la zuppa fino a renderla liscia. Condire con pepe di caienna, pepe e sale se necessario per ottenere il gusto desiderato.

Stufato autunnale di manzo e verdure

Cosa c'è dentro:

- ☒ 5 gr di peperoncino in polvere
- ☒ 4-5 zucchine
- ☒ 1 rutabaga
- ☒ 2 gr di sale
- ☒ 2 bastoncini di cannella
- ☒ 5 gr di semi di coriandolo
- ☒ 1 gr di cannella
- ☒ 10 gr di paprika
- ☒ 20 gr di cumino
- ☒ 250 ml di brodo vegetale
- ☒ 400 gr di pomodori tritati
- ☒ 4 spicchi d'aglio tritati
- ☒ 2 gr di peperoncino in polvere
- ☒ 1 cipolla bianca
- ☒ 100 gr di ghee
- ☒ 2 foglie di alloro
- ☒ 1.5 kg di bistecche brasate disossate

Come è fatto:

1. Portare la pentola di coccio su "alto".
2. Picchiettare le bistecche e condirle con pepe e sale.
3. Mettere le bistecche in una padella con ¼ di tazza di ghee. Scottare fino a quando appena rosolato leggermente. Mettere nella pentola di coccio.
4. Sbucciare e tagliare a dadini aglio e cipolla. Mettere in una padella con il ghee che rimane, soffriggere fino a fragrante.

5. Aggiungere curcuma, coriandolo, peperoncino in polvere, zenzero, cumino, brodo, paprika e pomodori in pentola. Quindi aggiungere foglie di alloro e bastoncini di cannella.
6. Impostare per cuocere in alto 3 ore.
7. Spingere la carne su un lato della pentola.
8. Sbucciare e dadi rutabaga e aggiungere al crockpot.
9. Aggiungi rutabaga all'altro lato. Cuocere altri 60 minuti
10. Dadi zucchine. Aggiungere le zucchine allo stesso lato della rutabaga e mescolare bene per combinarle con i succhi di cottura.
11. Scartare foglie di alloro e bastoncini di cannella.
12. Cuocere altre 2 ore. Una volta che zucchine e rutabaga sono teneri al tocco di una forchetta, lo stufato è fatto!

Stufato di cavolo

Cosa c'è dentro:

- [ ] 230 gr di salsa di pomodoro
- [ ] 230 gr di pomodori interi
- [ ] 5 gambi di sedano affettati
- [ ] 230 gr di cavolo tagliuzzato
- [ ] 2 foglie di alloro
- [ ] 1,25 ml di pepe
- [ ] 5 ml Condimento greco
- [ ] 2 cipolle tritate
- [ ] 75 ml di brodo di pollo caldo
- [ ] 1 dado di brodo di manzo
- [ ] 1 kg di carne di manzo stufato di carne

Come è fatto:

1. In una padella, rosolare la carne di stufato 5 minuti. Scaricare il grasso.
2. Mescolare il dado di brodo al brodo fino a quando non è sciolto.
3. Aggiungere foglie di alloro, pepe, condimento greco e cipolle alla miscela di brodo.
4. Aggiungere la carne in umido e la miscela di brodo a crockpot. Mescolare per unire.
5. Impostate per cuocere al minimo 7 ore o impostate per cuocere da 4,5 a 5 ore su alto.
6. Mescolare il cavolo.
7. Foglie di alloro prima di servire lo stufato

Zuppa di cipolle francese

Cosa c'è dentro:

- ☒ 60 gr di parmigiano
- ☒ 100 gr di formaggio Emmental tritato
- ☒ 20 gr di zucchero di canna
- ☒ 200 gr di formaggio groviera tritato
- ☒ 8 fette di pane francese
- ☒ 1 foglia di alloro
- ☒ 4 rametti di menta
- ☒ 30 gr di burro
- ☒ 50 ml di sherry secco
- ☒ 1 spicchio d'aglio tritato
- ☒ 10 ml di Salsa Worcestershire
- ☒ 1.8 l di brodo di manzo
- ☒ 3 cipolle bianche affettate

Come è fatto:

1. Scaldare le cipolle con lo zucchero di canna e il burro in una padella 20 minuti fino a quando caramellato.
2. Una volta dorato, versare nel fornello e versare i restanti componenti della ricetta, meno i formaggi.
3. Impostare per riscaldare a basso 6-8 ore.
4. Estrarre e scartare la foglia di alloro. Cucchiaio miscela in peperoni. Ricoprire con fette di pane e formaggio.
5. Cuocere 2-3 minuti fino a quando il formaggio si scioglie e il pane è croccante.

Zuppa di patate

Cosa c'è dentro:

- ☒ 1 gr di sale
- ☒ 340 ml di latte evaporato
- ☒ 100 gr di farina per tutti gli usi
- ☒ 30 ml di grasso di pancetta
- ☒ 1 cipolla rossa tagliata a dadini
- ☒ 150 gr di yogurt greco
- ☒ 1 kg di patate Yukon
- ☒ 750-900 ml di brodo di pollo
- ☒ 250 gr di formaggio cheddar tagliuzzato
- ☒ 6 fette di pancetta riscaldata/tagliata a dadini
- ☒ 1 gr di pepe

Come è fatto:

1. Mettere cipolla, patate, 3 tazze di brodo di pollo e pancetta nel fornello. Unire bene. Impostare per riscaldare a basso 6-8 ore o impostare per riscaldare per cuocere 3 a 4 ore a basso fino patate diventano teneri.
2. Una volta che la zuppa è pronta da mangiare, sciogliere il burro e mescolare la farina, mescolando 1 minuto. Versare gradualmente il latte evaporato fino a quando la miscela diventa liscia. Portare a fuoco lento e lasciare riscaldare fino a quando molto addensato.
3. Versare la miscela di latte nel fornello. Quindi mescolare yogurt, formaggio, pepe e sale.
4. Per una zuppa più densa, schiacciare un po' le patate. Se ti piace una zuppa più sottile, aggiungi 1-2 tazze di brodo riscaldato. Utilizzare pepe e sale per raggiungere il gusto desiderato.

5. Servire con condimenti a scelta.

Stufato di verdure a radice

Cosa c'è dentro:

- ☒ 1 gr di sale
- ☒ 1 gr di cannella
- ☒ 1 spicchio d'aglio tritato
- ☒ 60 ml di cocco aminos
- ☒ 50 ml di aceto di sidro di mele
- ☒ 1 patata dolce tritata
- ☒ 1 cipolla tritata
- ☒ 200 gr di pastinaca tritata
- ☒ 200 gr di carote tritate
- ☒ 450 gr di manzo tritato

Come è fatto:

1. Versare tutti i componenti della ricetta in un fornello e mescolare per incorporare accuratamente.
2. Impostare il fornello per riscaldare su alto 3 ore. Divertiti!

Zuppa di patate dolci, pollo e quinoa

Cosa c'è dentro:

- 1.2 l di brodo di pollo
- 1 pacchetto peperoncino condimento della miscela
- 2 gr di aglio tritato
- 1 barattolo di pomodori a dadini
- 1 barattolo di fagioli neri
- 800 gr di patate dolci
- 250 gr di quinoa
- 600 gr di petti di pollo senza pelle ed ossa

Come è fatto:

1. Ungere la pentola a fuoco lento. Tagliare il grasso dai petti di pollo e metterlo nel fornello.
2. Risciacquare la quinoa e aggiungere al fornello con pollo.
3. Scartare le pelli dalle patate e tagliarle a pezzi. Aggiungere le patate al fornello.
4. Scolare i fagioli neri e poi sciacquarli. Aggiungere al fornello insieme alla lattina di pomodori.
5. Impostare il fornello per cuocere a fuoco alto da 3 a 5 ore.
6. Sminuzzare il pollo con le forchette e mescolare bene la miscela per incorporare tutti gli ingredienti.
7. Condire con pepe e sale se necessario e guarnire con prezzemolo.

Zuppa di piselli e lattuga

Cosa c'è dentro:

- ☒ 100 ml di latticello
- ☒ 30 gr di dragoncello
- ☒ 2 cuori romaine tritati
- ☒ 430 gr di piselli
- ☒ 2 patate Yukon Gold sbucciate
- ☒ 2 l di brodo di pollo
- ☒ 50 gr di burro
- ☒ 2 porri affettati

Come è fatto:

1. Cuocere i porri nel burro finché sono teneri. Versare brodo di pollo e patate e cuocere a fuoco lento finché sono teneri.
2. Aggiungere cuori romaine e piselli snap, sobbollire fino a quando sono verde brillante.
3. Miscela di purea in lotti con dragoncello fino a consistenza liscia e poi filtrare.
4. Mescolare il latticello e condire con pepe e sale.

Zuppe e stufati di carne

Stufato di manzo al miele e balsamico

Cosa c'è dentro:

- 10 ml di Salsa Worcestershire
- 20 gr di amido
- 0.50 gr di pepe
- 2 gr di sale
- 60 ml di miele liquido
- 60 ml di aceto balsamico
- 50 ml di brodo di manzo a basso contenuto di sodio
- 20 ml di concentrato di pomodoro
- ½ Cipolla tritata
- 2 carote sbucciate / tritate
- 1 sedano tritato
- 450 gr di manzo stufato
- 2 gr di aglio tritato
- 450 gr di patate

Come è fatto:

1. Versare cipolle, carote, sedano, manzo e patate in un fornello.
2. Mescolare pepe, sale, amido di mais, aglio, salsa Worcestershire, concentrato di pomodoro, miele, aceto e brodo insieme. Versare nel fornello.
3. Impostare per riscaldare a basse ore 8 fino a quando le carote e le patate si ammorbidiscono.

Zuppa di pollo e pancetta

Cosa c'è dentro:

- ☒ 1 gr di timo
- ☒ 1 gr di sale
- ☒ 450 gr di pancetta cotta e sbriciolata
- ☒ 250 gr di panna
- ☒ 230 gr di crema di formaggio
- ☒ 450 gr di petti di pollo
- ☒ 500 ml di brodo di pollo
- ☒ 1 gr di pepe
- ☒ 40 gr di burro
- ☒ 1 cipolla verde a fette sottili
- ☒ 170 gr di funghi cremini affettati
- ☒ 2 costole di sedano tagliate a dadini
- ☒ 1 porro tagliato e affettato
- ☒ 0.10 gr di aglio in polvere
- ☒ 1 scalogno tritato
- ☒ 4 spicchi d'aglio tritati

Come è fatto:

1. Portare la pentola di coccio al minimo. Aggiungere pepe, sale, 1 tazza di brodo, 2 cucchiai di burro, cipolle, funghi, porro, sedano, scalogno e aglio. Coprire e cuocere 1 ora per ammorbidire le verdure.
2. Mentre le verdure cuocere, pan scottare petti di pollo con il burro rimanente.
3. Mettere il pollo a lato e sfumare la padella con il brodo di pollo rimanente. Raschiare i pezzi di cottura e aggiungere la miscela di brodo scremato alla pentola di coccio.

4. Aggiungere il timo, l'aglio in polvere, la crema di formaggio e la panna alla pentola. Mescolare per unire.
5. Tagliare il pollo a cubetti una volta raffreddato e aggiungere alla pentola. Mescolare la pancetta.
6. Impostare a cuocere in basso 6-8 ore.

Stufato irlandese

Cosa c'è dentro:

- ☒ 110 gr di birra stout
- ☒ 100 gr di farina
- ☒ 300 ml di brodo di manzo
- ☒ 85 ml di concentrato di pomodoro
- ☒ 1 gr di sale
- ☒ 5 gr di miscela di condimento di bistecca
- ☒ 1 spicchio di aglio
- ☒ ½ cipolla bianca
- ☒ 200 gr di carote baby
- ☒ 450 gr di patate bianche baby
- ☒ 600 gr di spalla di porco disossata

Come è fatto:

1. Tagliare le patate e il maiale in pezzi di dimensioni ridotte e versarli nel fornello insieme alle carote.
2. Sbucciare e tagliare a dadini l'aglio e la cipolla e metterli nel fornello.
3. Cospargere con condimenti e versare il brodo di manzo.
4. Sbattere la farina e l'acqua insieme fino a creare una pasta liscia e scaricare nel fornello.
5. Mescolare per unire. Quindi versare la birra.
6. Impostare per riscaldare a basso 8 ore.

Zuppa di pollo di bufalo

Cosa c'è dentro:

- ☒ 50 gr di cipolle verdi tritate
- ☒ 50 gr di formaggio blu sbriciolato
- ☒ 100 gr di tortilla chip strisce
- ☒ 1 l di brodo di pollo
- ☒ 50 gr di condimento al formaggio blu
- ☒ 50 gr di salsa di cayenna calda
- ☒ 450 gr di petto di pollo disossato senza pelle
- ☒ 3 gambi di sedano affettati
- ☒ 3 carote affettate
- ☒ 2 spicchio d'aglio tritato
- ☒ ½ cipolla sbucciata/tagliata
- ☒ 10 gr di burro

Come è fatto:

1. Sciogliere il burro in una padella. Quindi, soffriggere il sedano, la cipolla, l'aglio e le carote insieme fino a renderle morbide.
2. Versare verdure saltate nel fornello lento insieme a brodo di pollo, salsa di formaggio blu, salsa di cayenna e petto di pollo.
3. Impostare il fornello lento in ALTO e cuocere per 2 o 3 ore. Oppure è possibile impostare fornello a 24 a 5 ore in basso.
4. Rimuovere il pollo e sminuzzarlo. Rimetti nel fornello.
5. Servire condita con strisce di tortilla, cipolle verdi e formaggio blu sbriciolato.

Zuppa di taco di pollo

Cosa c'è dentro:

- ☒ 1 barattolo di fagioli pinto
- ☒ 450 gr di petti di pollo disossati e senza pelle
- ☒ 30 ml di condimento per taco
- ☒ 430 gr di pomodori a dadini
- ☒ 430 gr di mais
- ☒ 500 ml di brodo di pollo a basso contenuto di sodio
- ☒ 250 ml di salsa
- ☒ 1 barattolo di fagioli neri

Condimenti opzionali:

- ☒ Tortilla chips
- ☒ Cipolla verde
- ☒ Avocado
- ☒ Formaggio grattugiato/sminuzzato
- ☒ Panna acida
- ☒ Yogurt greco
- ☒ Coriandolo

Come è fatto:

1. Versare il brodo di pollo, il condimento taco, i pomodori a dadini, il mais, la salsa, il pinto e i fagioli neri nel fornello. Incorporare bene.
2. Mettere il pollo nel fornello in modo che tutto il liquido copra adeguatamente la carne.
3. Impostare per riscaldare a basso 6 ore.

4. Tira fuori il pollo. Tagliuzzare o tagliare in pezzi di dimensioni morso. Quindi incorporare il pollo nella zuppa.
5. Servire la zuppa con condimenti desiderati. Divertiti!

Zuppa di chili verde Enchilada

Cosa c'è dentro:

- ☒ Pepe e sale
- ☒ 230 gr di crema di formaggio
- ☒ 0.10 gr di aglio in polvere
- ☒ 0.50 gr di cipolla in polvere
- ☒ 6 gr di peperoncino in polvere
- ☒ 20 gr di cumino
- ☒ 200 ml di acqua
- ☒ 110 gr di peperoncini verdi a dadini
- ☒ 430 gr di salsa
- ☒ 24 once disossate cosce di pollo o seni
- ☒ 250 ml di brodo di pollo

Contorni opzionali:

- ☒ Panna acida
- ☒ Avocado
- ☒ Formaggio tritato

Come è fatto:

1. Metti il pollo nella base del tuo fornello.
2. Mescolare peperoncino in polvere, aglio in polvere, cumino, cipolla in polvere, cumino, acqua, peperoncini verdi, salsa e brodo insieme e poi versare sopra il pollo.
3. Impostare per riscaldare a basso 7 ore.
4. Prendi il pollo e taglialo con le forchette. Rimettilo nel fornello.
5. Aggiungere la crema di formaggio e scaldare mezz'ora in più.

6. Ricoprire contorni desiderati al momento di servire.

Zuppa cremosa di pollo e gnocchi

Cosa c'è dentro:

- ☒ Pepe e sale
- ☒ 500 gr di spinaci freschi baby
- ☒ 150 gr di half half
- ☒ 15 gr di farina
- ☒ 250 ml di brodo di pollo
- ☒ 450 gr di pollo arrosto tritato
- ☒ 1 confezione gnocchi
- ☒ ½ Cipolla gialla tagliata a dadini
- ☒ 3 spicchi d'aglio tritati
- ☒ 30 gr di burro

Come è fatto:

1. Sciogliere il burro e soffriggere la cipolla e l'aglio insieme per 60 secondi fino a quando fragrante. Quindi versare il pollo, il brodo e gli gnocchi. Riscaldare la miscela a punto di ebollizione e scaldare 3 minuti fino a quando gli gnocchi sono inteneriti.
2. Mescolare half half e farina. Mescolare fino a quando la miscela arriva di nuovo al punto di ebollizione.
3. Togliere dal fuoco e aggiungere le foglie di spinaci. Con pepe e sale, condire per raggiungere il gusto desiderato. Servire!

Peperoncino di pollo bianco

Cosa c'è dentro:

- ☒ 2 gr di peperoncino in polvere
- ☒ 100 gr di coriandolo tritato
- ☒ Succo di ½ lime
- ☒ 400 ml di latte di cocco pieno di grassi
- ☒ 0.50 gr di pepe
- ☒ 1 gr di sale
- ☒ 2 gr di cumino
- ☒ 6 spicchi d'aglio tritati
- ☒ 1 jalapeno a dadini
- ☒ 1 peperone
- ☒ 1 l di brodo di pollo
- ☒ 1 cipolla rossa tagliata a dadini
- ☒ 20 ml di olio di avocado
- ☒ 600 gr di petti di pollo senza pelle ed ossa
- ☒ 5 gr di origano secco

Come è fatto:

1. Mettere spezie, aglio, peperoni e cipolle nella base del fornello. Metti il pollo sulle verdure, assicurandoti che siano in uno strato singolare.
2. Aggiungere il brodo di pollo su verdure e pollo.
3. Impostare per riscaldare a basso 7-8 ore fino a quando il pollo è riscaldato a fondo e verdure diventano bello e tenero.
4. Estrarre pollo e brandello e poi discarica di nuovo in fornello. Impostare per riscaldare in alto. Versare il latte di cocco e scaldare 10-15 minuti fino a quando la zuppa viene riscaldata accuratamente.

5. Mescolare in coriandolo e succo di lime. Assaggiare e condire per ottenere il sapore desiderato. Servire con spicchi di lime e coriandolo.

Stufato di agnello marocchino

Cosa c'è dentro:

- 430 gr di ceci
- 1,5 l di brodo di manzo
- 6 pomodori prugna dimezzati
- 10 gr di zenzero
- 6 gr Miscela di spezie marocchine
- 2 gr di allspice
- 1 foglia di alloro
- 1 cannella
- 150 gr di albicocche secche
- 3 spicchi d'aglio tritati
- 1 kg di agnello disossato
- 6 patate Yukon sbucciate / cubettate
- 3 carote a cubetti
- 1 cipolla gialla tritata
- Olio d'oliva

Come è fatto:

1. In un forno olandese, scaldare 2 cucchiai di olio d'oliva e soffriggere patate, carote e cipolle per 4-5 minuti. Quindi condire con pepe, sale e aglio. Mettiti di lato.
2. Rosolare l'agnello mentre si condisce con pepe e sale. Riponete le verdure saltate in padella con l'agnello. Quindi versare l'alloro, le spezie, la cannella e le

albicocche secche, ricoprendo bene. Aggiungere i pomodori e il brodo e scaldare a ebollizione. Cuocere 5 minuti.

3. Versare tutti i componenti in un fornello e impostare per riscaldare in alto 3 ½ ore.

4. Servire con pane pita, couscous o riso. Divorare!

Stufato di manzo del raccolto

Cosa c'è dentro:

- ☒ Pepe e sale
- ☒ 6 gr Condimento italiano
- ☒ 10 ml di aceto balsamico
- ☒ 1 l di acqua
- ☒ 60 gr di farina integrale
- ☒ 800 gr di pomodori a dadini
- ☒ 4 spicchi d'aglio tritati
- ☒ 1 cipolla tritata
- ☒ 750 gr di Patate russet
- ☒ 3 costolette di sedano tagliate a dadini
- ☒ 500 gr di carote a fette
- ☒ 30 ml di olio d'oliva
- ☒ 1 manzo mandrino arrosto
- ☒ 20 gr di prezzemolo tritato

Come è fatto:

1. Tagliare l'arrosto in pezzi da ½ pollice. Patate tagliate a dadini in pezzi da ½ pollice.
2. Mescolare la farina con cubetti di manzo. Soffriggere manzo 5-10 minuti fino a doratura. Mettere in fornello lento.
3. Mettere condimenti, aceto, acqua, pomodori, aglio, cipolla, patate, sedano e carote a base di carne in fornello lento. Incorporare bene.
4. Impostare fornello lento a basso per cuocere 5-6 ore. Condire con pepe e sale.

Zuppe e zuppe di frutti di mare

Gumbo di gamberi, pollo e salsiccia a cottura lenta

*Cosa c'è **dentro**:*

- ☒ 1 peperone a dadini
- ☒ 300 gr di riso riscaldato
- ☒ 1 gr di timo
- ☒ 10 ml di Spezie di Cajun
- ☒ 500 ml di brodo di pollo
- ☒ 3 gr di aglio tritato
- ☒ 800 gr di pomodori a dadini
- ☒ 3 costolette di sedano tagliate a dadini
- ☒ 1 peperoncino a scelta (habanera, scotch bonnet, Serrano, jalapeno, ecc.)
- ☒ 450 gr crudo/gamberetti sgusciati
- ☒ 5 gr di origano secco
- ☒ 450 gr di salsiccia affumicata di scelta (salsiccia all'aglio, salsiccia del contadino, kielbasa,ecc.)
- ☒ 450 gr di petto di pollo
- ☒ 1 cipolla rossa tagliata a dadini

Come è fatto:

1. Mettere tutti i componenti della ricetta in un fornello meno riso e gamberetti.
2. Impostare per riscaldare a basso 6-7 ore, garantendo a mescolare in occasione.
3. Nell'ultima ora di cottura, salare leggermente i gamberetti e versarli nel fornello. Durante gli ultimi 30 minuti,

aggiungere il riso e unire. Riscaldare fino a quando il riso viene riscaldato.

4. Servire con pane croccante. Divertiti!

Zuppa di pesce cremosa

Cosa c'è dentro:

- ☒ 5 gr Condimento Old Bay
- ☒ 200 gr di pesce cotto di scelta (granchio, coda di aragosta, gamberetti, ecc.)
- ☒ 100 gr di half half
- ☒ 3 gr di sale
- ☒ 1 patata tritata
- ☒ 1 quart di brodo di pesce
- ☒ 20 gr di farina per tutti gli usi
- ☒ 2 spicchi d'aglio tritati
- ☒ 1 costola di sedano tritata
- ☒ 1 cipolla tritata
- ☒ 0.20 gr cayenna
- ☒ 2 carote tritate
- ☒ 20 ml di olio extra vergine di oliva
- ☒ 1 gr di pepe

Come è fatto:

1. Scaldare l'olio e mescolare in sedano, cipolla e carota, soffriggere 3 minuti. Quindi aggiungere l'aglio e saltare altri 60 secondi.
2. Versare la farina sulle verdure e mescolare. Aumentare il calore e mescolare in brodo di pesce.
3. Aumentare il calore ad alta e far bollire. Aggiungere patate e condimenti. Diminuire il calore un po'. Cuocere 8 minuti fino a quando le patate sono tenere.
4. Mescolare i frutti di mare i restanti 3 minuti di cottura insieme a metà e metà.
5. Gusto e stagione a piacere.

Zuppa di pesce di San Francisco

Cosa c'è dentro:

- ⊠ 10 gr di prezzemolo tritato
- ⊠ 450 gr di cozze
- ⊠ 200 gr di gamberi crudi
- ⊠ 200 gr di capesante crude
- ⊠ 0.50 gr di pepe
- ⊠ 100 gr di sedano tagliato a dadini
- ⊠ 1 foglia di alloro
- ⊠ 100 gr di peperone rosso tagliato a dadini
- ⊠ 10 ml di succo di limone
- ⊠ 500 ml di acqua
- ⊠ 100 ml di vino rosso
- ⊠ 170 ml di concentrato di pomodoro
- ⊠ 100 gr di pomodori
- ⊠ 1 gr di sale
- ⊠ 1 peperoncino
- ⊠ 100 gr di carote tagliate a dadini
- ⊠ 100 gr di porri tagliati a dadini
- ⊠ 20 gr di aglio tritato
- ⊠ 250 gr di cipolla tagliata a dadini
- ⊠ 5 gr di timo
- ⊠ 10 di olio d'oliva

Come è fatto:

1. Riscaldare l'olio in una pentola. Cuocere l'aglio e la cipolla per 5 minuti.
2. Aggiungere peperoncino, carote, peperone, sedano e porri. Cuocere altri 5 minuti. Aggiungere i pomodori e cuocere 3 minuti.

3. Quindi mescolare gli ingredienti rimanenti. Cuocere 25 minuti.

Crema di pomodoro Frutti di mare Bisque

Cosa c'è dentro:

- ☒ 20 gr di farina
- ☒ 800 gr di gamberetti
- ☒ 2 ml di sherry
- ☒ 230 gr di crema di formaggio
- ☒ 2 costola di sedano tritata
- ☒ 800 gr di pomodori a dadini
- ☒ 10 gr di origano
- ☒ 1 foglia di alloro
- ☒ 1 spicchio d'aglio tritato
- ☒ 1 carota tritata
- ☒ 650 ml di brodo di pollo
- ☒ 1 cipolla tritata
- ☒ 5 gr di burro

Come è fatto:

1. Scaldare il burro e aggiungere alloro e verdure. Cuocere 10 minuti finché sono teneri.
2. Quindi aggiungere la farina e mescolare 1-2 minuti.
3. Versare il brodo e aggiungere origano e pomodori. Riscaldare a ebollizione, diminuire il calore e cuocere mezz'ora.
4. Aggiungere la crema di formaggio e sherry, cottura 10 minuti.
5. Scartare la foglia di alloro. Purea con un frullatore di emulsione.
6. Rimetti sul fuoco e aggiungi i gamberetti. Cuocere a fuoco lento fino a quando i frutti di mare sono cotti.
7. Stagione per ottenere il sapore desiderato.

Stufato di pesce Toscano

Cosa c'è dentro:

- ☒ 20 ml di succo di limone
- ☒ 80 gr di capesante
- ☒ 200 gr di gamberetti
- ☒ pesce da 450 gr
- ☒ vongole da 450 gr
- ☒ 3 gr di sale
- ☒ 250 ml di brodo di pesce
- ☒ 400 gr di pomodori tritati
- ☒ 250 ml vino bianco
- ☒ 10 ml di concentrato di pomodoro
- ☒ 10 di olio d'oliva
- ☒ 1 gr di fiocchi di pepe rosso
- ☒ 5 spicchi d'aglio tritati
- ☒ 1 cipolla tritata

Come è fatto:

1. Pulire i fiocchi di pepe, il prezzemolo, l'aglio e la cipolla in un robot da cucina fino a tritarli.
2. Scaldare l'olio e aggiungere la miscela macinata. Quindi mescolare il concentrato di pomodoro e cuocere 1 minuto.
3. Versare il vino, raschiando i pezzi dal fondo. Portare a ebollizione e cuocere a fuoco lento fino a quando il vino evapora.
4. Aggiungere i pomodori, il sale e il brodo. Coprire e lasciare cuocere a fuoco lento 10 minuti.
5. Mettere le vongole e cuocere per 5 minuti.
6. Mescolare il pesce, cuocere per 5 minuti.

7. Mescolare i gamberetti e le capesante e cuocere 5 minuti.
8. Mescolare il succo di limone.

Zuppa di vongole del New England

Cosa c'è dentro:

- ☒ 2 lattine da 300 gr di vongole tritate
- ☒ 30 gr di burro
- ☒ 750 gr di half half
- ☒ 2 gr di sale
- ☒ 1 kg di patate sbucciate e tagliate a cubetti
- ☒ 300 ml di acqua
- ☒ 4 fette di pancetta tagliata a dadini
- ☒ 300 gr di cipolla tritata

Come è fatto:

1. Tagliare a dadini la pancetta e aggiungerla in una pentola, cuocendola fino a renderla croccante. Aggiungere le cipolle alla pentola con pancetta e lasciare cuocere 5 minuti. Mescolare le patate e l'acqua nella pentola. Condire con pepe e sale.
2. Lasciare che la miscela venga a ebollizione. Cuocere 15 minuti scoperti fino a quando le patate sono intenerite.
3. Versare il burro e half half. Scolare le vongole e riservare un po' del liquido di vongole, mescolando nella zuppa. Cuocere 5 minuti fino a quando riscaldato a fondo.

Zuppa di gamberi Cajun

Cosa c'è dentro:

- ☒ 400 gr di gamberetti (pelati / cotti)
- ☒ 100 gr di riso bianco a grani lunghi non cotti
- ☒ Salsa al peperoncino
- ☒ 1 gr di sale
- ☒ 1 foglia di alloro
- ☒ 1 gr di fiocchi di pepe rosso
- ☒ 1 gr di basilico essiccato 1 gr di timo secco
- ☒ 230 di succo di vongole
- ☒ 750 ml di succo di pomodoro e verdura
- ☒ 1 spicchio d'aglio tritato
- ☒ 50 gr di cipolle verdi affettate
- ☒ 100 gr di peperone verde tritato
- ☒ 10 gr di burro

Come è fatto:

1. Sciogliere il burro in una pentola e soffriggere l'aglio, le cipolle e il peperone. Quindi mescolare in acqua, succo di vongole e succo di verdure.
2. Condire la miscela con sale, alloro, fiocchi di pepe rosso, basilico e timo.
3. Portare la miscela a ebollizione e mescolare il riso. Diminuire il calore e coprire, cottura 15 minuti fino a quando il riso diventa tenero.
4. Mescolare i gamberetti e cuocere altri 5 minuti fino a quando i gamberetti sono di colore opaco.
5. Scartare le foglie di alloro e condire con salsa piccante.

Zuppa di granchio del Maryland

Cosa c'è dentro:

- ☒ 1-gallone di acqua
- ☒ 10 artigli di granchio blu al vapore
- ☒ 450 gr di polpa di granchio blu
- ☒ 500 ml di brodo di manzo
- ☒ 20 gr di Condimento Old Bay
- ☒ 20 gr di cipolle a pezzi
- ☒ 250 gr di carote a fette
- ☒ 250 gr di mais congelato
- ☒ 250 gr di fagioli neri
- ☒ 750 ml di acqua
- ☒ 2 lattine da 14,5 once pomodori stufati

Come è fatto:

1. Mettere il brodo di manzo, il condimento della vecchia baia, le cipolle, le carote affettate, il mais, i fagioli di lima, l'acqua e i pomodori nella pentola. Scaldare a fuoco lento, coprire e cuocere 5 minuti.
2. Lessare il gallone d'acqua e aggiungere gli artigli di granchio. Bollire 6 minuti. Scolare il granchio e metterlo da parte.
3. Mescolare la carne di granchio in una miscela di verdure e pomodori. Coprire e cuocere a fuoco lento 10 a 15 minuti e servire caldo.

Zuppe refrigerate

Zuppa fredda di cetrioli e aneto

Cosa c'è dentro:

- ☒ 1 spicchio d'aglio tritato
- ☒ 2 gr di aneto tritato
- ☒ Succo di ½ lime
- ☒ 1 gr di cumino
- ☒ 2 cetrioli sbucciati / affettati
- ☒ 1 scalogno tritato
- ☒ 500 gr di yogurt greco

Come è fatto:

1. Aggiungere tutti gli ingredienti in un frullatore.
2. Ridurre in purea per 1 minuto fino a che non sia liscia.
3. Regolare i condimenti se necessario.
4. Raffreddare almeno 1 ora prima di mangiare.

Zuppa di mais dolce refrigerata

Cosa c'è dentro:

- ☒ 20 gr di sale
- ☒ 3-4 rametti di coriandolo
- ☒ 1 jalapeno seminato / tagliato a dadini
- ☒ 250 gr di cipolla tagliata a dadini
- ☒ 2 pomodorini gialli dimezzati
- ☒ 2 peperone giallo tritato
- ☒ 5 spighe di chicchi di mais freschi

Come è fatto:

1. Tossire tutti gli ingredienti con il sale e lasciare riposare 1 ora.
2. Mettere il composto in un frullatore e frullare fino a che non sia liscio.
3. Regolare i condimenti come necessario e irrorare con olio d'oliva.

Zuppa di zucchine al curry

Cosa c'è dentro:

- 20 gr di coriandolo
- 250 ml di panna acida
- 1 l di brodo vegetale
- zucchine da 800 gr
- 2 gr di polvere di curry
- 1 spicchio d'aglio tritato
- 1 cipolla tritata
- 20 ml di olio d'oliva

Come è fatto:

1. Scaldare l'olio e soffriggere la cipolla 6-8 minuti. Quindi aggiungere la polvere di curry e l'aglio, cuocendo 60 secondi.
2. Aumentare il calore e aggiungere sale, brodo e zucchine. Coprire e cuocere a fuoco lento 20 minuti finché sono teneri.
3. Miscela di purea in piccoli lotti in un frullatore. Raffreddare per almeno 2 ore.
4. Sbattere in pepe, sale e panna acida a destra prima di servire. Guarnire con coriandolo.

Zuppe a base di cereali

Zuppa di goulash a basso contenuto di carboidrati

Cosa c'è dentro:

- ☒ 2 lattine petite pomodori a dadini
- ☒ 2 gr di paprica piccante
- ☒ 20 gr di paprika dolce
- ☒ 1 cipolla
- ☒ 1 l di brodo di manzo
- ☒ 1 peperone rosso tritato
- ☒ 20 ml di olio d'oliva
- ☒ 400 - 800 gr di carne magra macinata
- ☒ 10 gr di aglio tritato

Come è fatto:

1. Premere SAUTE sulla pentola istantanea. Scaldare 2 cucchiai di olio d'oliva.
2. Cuocere la carne macinata in pentola. Quando rosolato, estrarre e mettere su un piatto.
3. Quando la carne cuoce, tagliare la cipolla e il peperoncino a strisce corte. Versare 1 cucchiaino di olio d'oliva nella pentola istantanea dopo aver tolto la carne.
4. Versare i peperoni e le cipolle, cuocendo 3-4 minuti.
5. Aggiungere la paprica calda e dolce insieme all'aglio, cuocendo 2-3 minuti.
6. Versare il brodo di manzo e i pomodori a dadini, così come la carne macinata cotta.
7. Chiudere il coperchio.

8. Premere ZUPPA e impostare il timer per 15 minuti.
9. Consentire alla pressione di rilasciare manualmente e quindi eseguire un rilascio rapido.
10. Servire con un cucchiaio di panna acida.

Zuppa Di Lasagne

Cosa c'è dentro:

- ☒ 5-6 foglie di basilico
- ☒ 250 gr di mozzarella tagliuzzata
- ☒ 500 ml di brodo di manzo
- ☒ 2 lattine da 14,5 once fuoco pomodori arrostiti
- ☒ 100 ml di panna montata pesante
- ☒ 250 gr di ricotta
- ☒ 1 gr di paprika
- ☒ 1 gr di fiocchi di pepe rosso
- ☒ 10 ml di Miscela di erbe italiane
- ☒ 1 cipolla rossa tagliata a dadini
- ☒ 100 gr di parmigiano grattugiato
- ☒ 2 spicchi d'aglio tagliati a dadini
- ☒ 10 ml di Condimento di salsiccia italiana
- ☒ 800 gr di maiale macinata
- ☒ 2 gr di sale con aglio

Come è fatto:

1. Versare condimenti, pomodori, aglio, cipolla e carne in crockpot. Impostare per cuocere in alto 2 ore.
2. Rompere la carne.
3. Aggiungere la ricotta a un frullatore, mescolando fino a liquefatto. Aggiungi alla zuppa.
4. Impostare a basso fino a quando si è pronti a divorare!

Zuppa d'orzo di tacchino

Cosa c'è dentro:

- ☒ 3 l di brodo di pollo
- ☒ 250 gr di orzo risciacquato
- ☒ 500 gr di tacchino tagliuzzato riscaldato
- ☒ 50 gr di prezzemolo tritato
- ☒ 700 gr di carote tritate
- ☒ 500 gr di sedano affettato
- ☒ 1 cipolla gialla tritata

Come è fatto:

1. Unire il brodo di tacchino, l'orzo, il tacchino, il prezzemolo, le carote, il sedano e la cipolla all'interno del fornello.
2. Impostare il calore a bassa per cuocere 6 a 7 ore o impostare a calore ad alta per cuocere per 4 ore.
3. Servire caldo e cospargere con prezzemolo aggiuntivo.

Zuppa di fagioli neri

Cosa c'è dentro:

- ☒ 1 gr di cayenna
- ☒ 2 gr di peperoncino in polvere
- ☒ 1 barattolo di fagioli neri
- ☒ 1 l di brodo vegetale
- ☒ 1-2 peperoni jalapeno
- ☒ 2 gr di cumino
- ☒ 5 spicchi d'aglio tritati
- ☒ 2 carote tritate
- ☒ 2 peperoni tritati
- ☒ 1 cipolla tritata
- ☒ 2 gr di sale

Condimenti opzionali:

- ☒ Formaggio tritato
- ☒ Panna acida
- ☒ Avocado
- ☒ Chips di tortilla sbriciolate
- ☒ Coriandolo

Come è fatto:

1. Scolare i fagioli neri, tritare e disinserire i peperoni jalapeno.
2. Mescolare tutti gli ingredienti nel fornello lento.
3. Impostare fornello lento per cuocere 6 a 8 ore in basso. O impostare ad alta per cuocere 6 a 8 ore. Vuoi che le verdure siano intenerite.

4. Si può servire come è o versare in un robot da cucina per frullare fino a raggiungere la consistenza desiderata.
5. Ricoprire con condimenti desiderati quando serve.

Zuppa di carote e lenticchie speziate

Cosa c'è dentro:

- ☒ 250 ml di latte
- ☒ 150 ml di brodo vegetale
- ☒ 200 gr di lenticchie rosse spaccate
- ☒ 500 gr di carote lavate / tritate
- ☒ 20 ml di olio d'oliva
- ☒ Pizzico di scaglie di peperoncino
- ☒ 1 gr di semi di cumino

Come è fatto:

1. Scarica tutti i componenti della ricetta nel fornello lento.
2. Mettere il fornello per cuocere 5 ore a fuoco basso fino a quando le carote non si ammorbidiscono.
3. Con un frullatore ad immersione, frullare la zuppa fino a renderla cremosa e liscia.

Zuppa di pollo e riso

Cosa c'è dentro:

- 2 l di brodo di pollo
- 3 costole di sedano tritate
- 20 gr di burro
- 1 foglia di alloro
- 2 gr di salvia
- 5 gr di rosmarino
- 2 gr di prezzemolo
- 3 gr di sale
- Pepe
- 3 spicchi d'aglio tritati
- 3 carote a pezzi
- 250 gr di riso integrale
- 3 petti di pollo (tagliati a metà e tagliati di grasso)
- 1 cipolla tritata

Come è fatto:

1. Versare tutti i componenti della ricetta nel fornello, meno il riso.
2. Impostare a fuoco basso per 4 ore. Aggiungere il riso a metà del ciclo di riscaldamento.
3. Mezz'ora prima di prepararsi a servire, togliere il pollo e tagliuzzare. Rimettere il pollo a fuoco lento e scaldare 30 minuti.

Zuppa di noodle di pollo a fornello lento

Cosa c'è dentro:

- 10 ml di succo di limone
- 50 gr di prezzemolo tritato
- 500 gr di tagliatelle all'uovo non riscaldate
- 30 ml di olio extra vergine di oliva
- Pepe e sale
- 2 foglie di alloro
- 2 gr di semi di sedano schiacciati
- 2 gr di salvia
- 5 gr di rosmarino
- 4 gr di timo
- 250 ml di acqua
- 650 ml di brodo di pollo
- 3-5 spicchi d'aglio tritati
- 1 cipolla gialla tritata
- 5 carote a pezzi
- 500 gr di cosce di pollo senza pelle disossaste
- 4 gambi di sedano tritato

Come è fatto:

1. Mettere l'aglio, il sedano, la cipolla, le carote e il pollo nel fornello. Quindi aggiungere foglie di alloro, semi di sedano, rosmarino, timo, acqua, brodo e olio d'oliva. Condire con pepe e sale.
2. Impostare per riscaldare a basso 6-7 ore.
3. Estrarre il pollo e lasciare riposare 10 minuti. Tagliare il pollo in dimensioni morso. Mettere il prezzemolo e le tagliatelle all'uovo nel fornello e scaldare altri 10 minuti.

4. Mescolare il succo di limone e restituire il pollo al fornello. Mescolare per unire.
5. Servire condito con parmigiano e con cracker salati.

Salsiccia, spinaci e zuppa di fagioli bianchi

Cosa c'è dentro:

- ☒ 720 gr di spinaci baby
- ☒ Pepe e sale
- ☒ 1 l di brodo di pollo
- ☒ 2 foglie di alloro
- ☒ 5 gr di origano
- ☒ 2 lattine da 15 once grandi fagioli del nord
- ☒ 2 gambi a dadini di sedano
- ☒ 3 carote a pezzi
- ☒ 1 cipolla rossa tagliata a dadini
- ☒ 3 spicchi d'aglio tritati
- ☒ 1 pacchetto andouille salsiccia
- ☒ 10 di olio d'oliva

Come è fatto:

1. Riscaldare l'olio d'oliva. Affettare sottilmente la salsiccia e aggiungerla alla padella, cuocendo 3-4 minuti fino a doratura.
2. Versare foglie di alloro, origano, fagioli, sedano, carote, cipolle, aglio e salsiccia nel fornello lento. Mescolare in 2 tazze di acqua insieme al brodo di pollo. Condire con pepe e sale.
3. Regolare il timer sul fornello per cuocere per 7 ore in basso o da 3 a 4 ore in alto.

4. Mescolare gli spinaci fino a quando non diventa appassito.

Zuppa di grano piccante

Cosa c'è dentro:

- 100 gr di semi di zucca tostati salati
- 1 pastinaca a dadini
- 1 zucchina a dadini
- 1 carota tagliata a dadini
- barattolo da 15 once di fagioli neri
- 200 gr di funghi
- 1 gr di allspice
- 6 rametti di coriandolo
- 300 gr di pomodori a dadini in scatola
- 2 l di brodo vegetale
- 2 spicchi d'aglio dimezzati
- 1 cipolla affettata
- 3 peperoncini secchi
- 10 di olio d'oliva
- 150 gr di bulgur
- 150 gr di riso integrale a grani corti
- Acqua
- 150 gr di orzo perlato

Come è fatto:

1. Versare l'orzo in 4 tazze di acqua e scaldare a ebollizione. Fate sobbollire 35 minuti finché sono teneri. Scolare e tornare in padella.

2. Versare il riso in 2 tazze di acqua e scaldare a ebollizione. Fate sobbollire 35 minuti finché sono teneri e scolare. Aggiungere all'orzo cotto.
3. Versare bulgur in 1 tazza di acqua calda. Lasciare riposare 10 minuti fino a quando bulgur assorbe il liquido.
4. Riscaldare l'olio d'oliva. Aggiungere aglio, cipolle e peperoncini all'olio e rosolare 5 minuti. Quindi aggiungere pimento, coriandolo, pomodori e brodo, condire con pepe e sale.
5. Scaldare a ebollizione e lasciate cuocere a fuoco lento 45 minuti.
6. Lasciare raffreddare un po' prima della passata. Rimettere in padella.
7. Aggiungere pastinaca, zucchine, carote, fagioli neri e funghi. Portare a ebollizione e cuocere a fuoco lento per 20 minuti. Quindi aggiungere bulgur, riso e orzo. Condire con pepe e sale.
8. Mestolo in ciotole e cospargere con semi di zucca e coriandolo.

Zuppa di verdure e cereali

Cosa c'è dentro:

- ⊠ 1.5 l ml di brodo vegetale
- ⊠ 2 spicchi d'aglio tritati
- ⊠ 10 ml di olio extra vergine di oliva
- ⊠ 300 gr di verdure a scelta (bietole, cavoli, bok choy, spinaci,ecc.)
- ⊠ 2 gr di sale
- ⊠ 250 gr di cereali integrali a scelta (riso integrale, bacche di grano, farro, farro, orzo, ecc.)

Come è fatto:

1. Risciacquare scelta di grano e versare in pentola con sale marino e appena sufficiente acqua per coprire. Scaldare a ebollizione e lasciate cuocere a fuoco lento fino a quando appena tenera.
2. Tagliare i gambi e le foglie dalle verdure e tritare finemente.
3. Scaldare l'olio in una pentola da minestra e aggiungere i gambi verdi. Cuocere 5 minuti fino a quando si ammorbidisce.
4. Aggiungere l'aglio e mescolare bene. Poi aggiungere il brodo vegetale, cuocendo fino a quando il composto è quasi bollente. Aggiungere le verdure e unire bene, cuocendo 1-2 minuti fino a farle appassire.
5. Condire con pepe e sale.
6. Mestolo in ciotole di zuppa.

Conclusione

Voglio congratularmi con te per essere arrivato alla fine del *Il libro di cucina completo per la zuppa.*

Come avete letto, ci sono ricette zuppa che possono soddisfare le vostre esigenze quotidiane per tutto il giorno! Che tu abbia voglia di qualcosa di sostanzioso, freddo, di mare o di lusso, c'è una ricetta di zuppa in questo libro per soddisfare i tuoi desideri e le tue papille gustative, il tutto mentre sei gentile con i tuoi rifiuti!

Spero che qualunque siano i vostri obiettivi quando si tratta della vostra salute, troverete questo ricettario di ricette di zuppa utile per imparare quanto sia importante recuperare il tempo perso e rifare uno stile di vita più sano.

Il prossimo passo? Prova alcune delle ricette di zuppa che hanno attirato la tua attenzione! Non c'è motivo di aspettare, sii zuppa-tastico a partire da oggi!

Ricettario Di Ricette Vegetariane In Italiano/ Cookbook Of Vegetarian Recipes In Italian

di
CHARLIE MASON

Capitolo Uno: Ricette per la Colazione Vegetariana Veloci e Gustose

Stai cercando delle opzioni di colazione veloci, sane e deliziose per il viaggio o per il tempo libero? Ti abbiamo coperto con queste fantastiche idee per la colazione/brunch che sono veloci, deliziose e facili da fare.

1. Tofu e Gorgonzola Strapazzati

Tempo: 20 minuti

Ingredienti:

- 50 gr di cipolla rossa (tritata)
- 500/700 gr di funghi bianchi (affettati)
- 40 gr di Gorgonzola (sbriciolato / grattugiato)
- 1 spicchio d'aglio (tritato)
- 20 ml di olio d'oliva
- tofu fermo da 12 once (a cubetti)
- 250 gr di spinaci

Metodo:

1. Scaldare la padella. Aggiungere l'olio d'oliva.
2. Aggiungere cipolla, aglio, tofu fino a quando la cipolla diventa traslucida.
3. Aggiungere i funghi e cuocere fino a quando non diventano morbidi per 5-7 minuti. Il tofu dovrebbe essere leggermente brunastro.
4. Togliere dal fuoco. Unire gli spinaci e il formaggio e aggiungere al composto di tofu fino a quando il Gorgonzola si scioglie e gli spinaci iniziano ad appassire.

2. Toast Avocado e Formaggio di Capra

Tempo: 10 minuti

- Ingredienti:
- 4 fette di pane (croccante)
- 150 gr di formaggio di capra (sbriciolato o grattugiato)
- fiocchi di pepe rosso
- Olio extra vergine di oliva
- Un avocado maturo
- Sale marino

Metodo:

1. Pane tostato fino a quando diventa marrone chiaro e croccante.
2. Schiacciare l'avocado e dividerlo equamente in quattro parti.
3. Cospargere di formaggio di capra grattugiato.
4. Aggiungere l'olio d'oliva, seguito da fiocchi di pepe e sale.

3. Veggie Pita Pizza

Tempo: 25 minuti

Ingredienti:

- 1 spicchio d'aglio (schiacciato, tritato)
- 150 gr di peperone (tagliato a dadini)
- 150 gr di funghi per bambini (affettati)
- 150 gr di cipolla rossa (tagliata a dadini)
- 250 gr di spinaci (tritati grossolanamente)
- Salsa piccante (secondo il gusto)
- Pepe nero (secondo il gusto)
- 20 gr di yogurt greco
- 15 ml di salsa sriracha
- 150 gr di formaggio (tagliuzzato)
- Olio d'oliva per irrorazione
- Acqua (cottura)
- 1 pane pita (integrale)
- 1 uovo (sbattuto)

Metodo:

1. Preriscaldare il forno a 180 gradi C. Aggiungere spray da cucina su una dimensione media .teglia da forno.
2. Aggiungere poca acqua in una padella e scaldare fino a quando diventa molto caldo. Aggiungere aglio, funghi cipolle rosse e pepe e continuare a cuocere per 8 minuti o fino a quando la miscela diventa morbida e pastosa. Unire l'acqua secondo necessità.
3. Unire gli spinaci e cuocere per un paio di minuti fino a quando non appassisce.
4. Sbattere l'uovo, la salsa infuocata e il pepe nero. Aggiungere alla miscela di verdure sulla padella e cuocere

fino a quando l'uovo è completamente strapazzato a fuoco medio.

5. Cuocere la pita per 4-5 minuti fino a quando diventa dorata.
6. Mescolare yogurt e sriracha e combinare bene.
7. Spalmare lo yogurt e la salsa sriracha sul pane pita e aggiungere la miscela di uova e verdure.
8. Cospargere il formaggio in cima.
9. Cuocere per 4 minuti o fino a quando il formaggio diventa appiccicoso.
10. Tagliare a fette e servire.

4. Focaccia Pomodoro Basilico Panini

Tempo: 30 minuti

Ingredienti (2 panini)

- 1 peperone giallo (usa quelli arrostiti dalla gastronomia quando sei a corto di tempo)
- 20 ml di passata di pomodoro secca
- 4 pomodori maturi dimezzati
- Una metà di focaccia grande
- 10 di olio d'oliva
- 4 once. (110 g) mozzarella a fette
- 8 foglie di basilico
- Pepe macinato e sale da cucina (a piacere)

Metodo:

1. Preriscaldare la griglia. Foderare la teglia con un foglio di alluminio.
2. Grigliare i peperoni fino a quando non si formano le vesciche.
3. Avvolgere il pepe in un foglio per sigillarlo e lasciarlo raffreddare.
4. Tagliare la focaccia verticalmente a metà e orizzontalmente in quarti. Tostare su entrambi i lati nella griglia.
5. Spalmare la purea di pomodori secchi su entrambi i lati.
6. Foderare la griglia con un foglio di alluminio e metterci sopra i pomodori. Condire con olio d'oliva. Cuocere per 4-5 minuti fino a quando i pomodori sono diventati molli. Sale e pepe
7. Tagliare il pepe a strisce e aggiungere le fette di pepe e i pomodori alla focaccia. Cospargere di mozzarella e foglie

di basilico. Irrorare l'olio dalla padella. Mettere l'altra metà della focaccia e servire tiepida.

5. Gustosi Tacos Vegetariani

Tempo: 20-25 minuti (3 tacos)

Ingredienti per il riempimento

- 1 ½ spicchi d'aglio
- Mezza zucchina (tagliata a strisce sottili)
- Mezzo peperone rosso (tritato)
- Mezza cipolla bianca (tagliata a dadini)
- ½ lime (succo)
- Sale, fiocchi di pepe e pepe nero macinato (a piacere)
- 3 uova (sbattute)
- 4-5 pomodorini (tritati)
- 1 ml di olio d'oliva
- 3 tortillas di piccole e medie dimensioni
- Scelta della guarnizione - formaggio feta, salsa piccante, jalapeno, ecc.

Metodo:

1. Scaldare la padella. Quando sufficientemente riscaldato, aggiungere l'olio d'oliva.
2. Aggiungere le cipolle e il sale e cuocere fino a quando le cipolle diventano traslucide per 5 minuti.
3. Introdurre i fiocchi di aglio e pepe e soffriggere per 45 secondi a un minuto.
4. Aggiungere zucchine e peperone fino a quando la miscela è diventata morbida per 5-7 minuti. Abbiamo bisogno di una miscela ammorbidita non che cola / pastosa.

5. Spegnere il fuoco e aggiungere il succo di lime. Aggiungere sale, mescolare bene e mettere da parte.

6. Mescolare le uova e aggiungere salsa piccante, pepe nero e sale. Cuocere a fuoco medio.

7. Piegare i pomodorini e mettere da parte il composto.

8. Tortilla calda a fuoco medio. Rimuovere da parte su un piatto. Ricopritelo con le uova e la miscela di verdure. Guarnire con feta, salsa piccante, jalapeno, ecc.

6. Gustosi Burritos di Tofu

Tempo: 15 minuti

Ingredienti (2 burritos)

- 2 funghi grandi (affettati)
- 1 spicchio d'aglio (tagliato a dadini)
- 50 gr di cipolla rossa (tagliata a dadini)
- ½ pacchetto di tofu extra duro (sbriciolato / grattugiato)
- ¼ cucchiaino di cumino, sale, pepe, curcuma, peperoncino in polvere, aglio in polvere ogni mescolato con 1 ½ cucchiaino di acqua.
- 2 wrap
- Succo di lime 5 ml
- Lattuga (2 foglie)
- Avocado a fette (250 gr)
- Fagioli fritti (250 gr)
- Salsa (secondo il gusto)
- Foglie di coriandolo

Metodo:

1. Scaldare sufficientemente la padella
2. Introdurre l'aglio a dadini, il peperoncino, i funghi e la cipolla e cuocere per circa 10 minuti fino a quando il composto diventa morbido e pastoso.
3. Aggiungere il tofu e l'intera miscela di spezie nella padella.
4. Mescolare e cuocere fino a quando il tofu è caldo.
5. È possibile riscaldare i fagioli fritti separatamente o aggiungerli freddi.
6. Aggiungi generosi cumuli di fagioli, coriandolo, lattuga, avocado, succo di lime e salsa agli involucri. Riempire la miscela di tofu.

7. Avvolgere e godere.

7. Pomodori e Uova al Forno Infuocati

Tempo: 25 minuti

Ingredienti (per 2 persone)

- 20 ml di olio d'oliva
- 1 peperoncino rosso (senza semi e tritare finemente)
- Mazzo di coriandolo piccolo (tritato)
- 3 piccole cipolle rosse (tritate)
- 1 spicchio d'aglio tritato
- 4 uova
- 5 ml di zucchero di ricino
- Barattoli di pomodorini (2 400 gr ciascuno)

Metodo:

1. Padella di calore (con un coperchio). Aggiungere lentamente l'olio. Aggiungere cipolle, aglio, coriandolo tritato e peperoncino rosso per 5-10 minuti fino a quando la miscela si ammorbidisce. Unire i pomodori e lo zucchero di ricino.
2. Lasciare che la miscela bolle per 10 minuti fino a quando non si addensa.
3. La miscela può essere congelata e conservata per un mese.
4. Usa un cucchiaio grande per fare quattro fessure nella salsa. Rompere un uovo in ciascuna delle quattro aperture. Coprire e mantenere la cottura a fuoco medio-basso per 8-10 minuti fino a quando le uova sono fatte secondo la vostra preferenza.

5. Cospargere alcune foglie di coriandolo. Servire con pane caldo croccante.

8. Pane Tostato al Pesto

Tempo: 20 minuti

Ingredienti: (2 toast)

- 50 gr di semi di zucca mondati
- 1 spicchio d'aglio medio
- 1 grande avocado
- Sale (secondo il gusto)
- Foglie di basilico (60 gr)
- 10 ml di succo di limone

Gli accompagnamenti opzionali includono pomodorini, pepe nero macinato e fiocchi di pepe.

1. Aggiungere i semi di zucca in una padella e cuocere a fuoco lento o medio. Cuocere fino a quando i semi scoppiettano e fanno suoni scoppiettanti. Togliere dal fuoco e mettere da parte per raffreddare.
2. Tagliare l'avocado in due, estraendone l'interno in un robot da cucina. Aggiungere il succo di limone, l'aglio e il sale secondo il gusto. Frullare fino a quando la miscela diventa liscia.
3. Aggiungere i semi di zucca e il basilico per pulsare l'intera miscela fino a quando non è finemente amalgamata. Aggiungere più sale se necessario.
4. Pane tostato, e diffondere un mucchio generoso di pesto di avocado su ogni fetta. Servire con pomodori. Ricopritelo con pepe macinato e fiocchi di pepe rosso. Servire caldo.

9. Hummus verde (con Pane Tostato o Pita)

Tempo: 20 minuti

- Ingredienti (ca. 2 tazze)
- 50 ml di tahini
- 20 ml di olio d'oliva (tenerne di più da parte per spruzzare sopra)
- 150 gr di prezzemolo fresco (tritato)
- 50 ml di succo di limone fresco
- 150 gr di dragoncello fresco (tritato grossolanamente)
- Sale (secondo il gusto)
- 1 spicchio d'aglio (tritato)
- Una lattina di ceci (lavata e scolata)
- 30 gr di erba cipollina fresca (tritata)
- Erbe fresche per guarnire

Metodo:

1. Unire tahini e succo di limone in una miscela cremosa e liscia. Montatelo prima di aggiungerlo a un robot da cucina.
2. Aggiungere l'olio d'oliva, l'erba cipollina, l'aglio, il dragoncello, il prezzemolo e il sale alla miscela e lavorarla nuovamente. Pausa per raschiare miscela dalla ciotola quando necessario.
3. Aggiungere metà della quantità data di ceci e lavorare per un minuto o due. Aggiungere lentamente i ceci rimanenti e lavorare fino a quando il composto è liscio ma denso. Aggiungere acqua lentamente se la miscela è troppo grumosa e lavorare fino a raggiungere la consistenza desiderata.
4. Rimuovere la miscela in una ciotola. Irrorare 1 cucchiaino di olio d'oliva.

5. Servire con pane pita o pane croccante o pane tostato.
6. Conservare in frigorifero in un contenitore e utilizzare come richiesto fino a una settimana.

10. Ciotola di Quinoa Salata

Tempo: 15 minuti

Ingredienti (singola porzione)

- 100 gr tofu fermo extra (sbriciolato)
- 50 gr di pomodorini
- 250 gr di cavolo (strappare in piccoli pezzi)
- 150 gr di carota (grattugiata)
- 150 gr di funghi (affettati)
- 0.10 gr di aglio in polvere
- 150 gr di broccoli (tritato)
- 3 gr di curry in polvere (giallo)
- 3 gr di paprika
- 3 gr di cipolla in polvere
- Sale e pepe (a piacere)
- Mezzo lime
- 150 gr di quinoa (cotta)
- ½ avocado (affettato)
- 150 gr di germogli (gastronomia)

Metodo:

1. Riscaldare un wok a fuoco alto.
2. Unire spezie e condimenti in una grande ciotola e tenere da parte.
3. Quando il wok è sufficientemente riscaldato, aggiungere funghi, carote e broccoli con poche gocce d'acqua.

Cuocere per circa 6-7 minuti fino a quando le verdure diventano pastose.

4. Ridurre il calore e unire pomodorini, miscela di spezie,e cavolo. Continuare a mescolare e cuocere fino a quando il cavolo appassisce. Continuare a spruzzare acqua per evitare che il composto si attacchi, si bruci o si cuocia troppo.

5. Aggiungere il succo di lime e il tofu fino a quando non si rimescola nella miscela e diventa marrone dorato.

6. Aggiungere il composto in una ciotola di quinoa.

7. Cospargere l'intera miscela con germogli e / o avocado a fette. Aggiungere più lime, sale e pepe se necessario.

11. Frittata di Ceci

Tempo: 15 minuti

Ingredienti (per 3 omelette di piccole dimensioni)

- 250 gr di farina di ceci
- 3 gr di ciascuno di cipolla, aglio, pepe bianco e pepe nero in polvere
- 70 gr di lievito
- 3 gr di bicarbonato
- 115 gr di funghi (saltati)
- 3 cipolle verdi (tritate)

Metodo:

1. Mescolare in una ciotola farina di ceci, aglio in polvere, cipolla in polvere, pepe nero e pepe bianco, lievito e bicarbonato di sodio. Aggiungere un po' d'acqua per fare una pastella liscia.
2. Scaldare sufficientemente la padella. Versare la pastella nella padella e distribuire uniformemente. Aggiungere un paio di cucchiai di funghi e cipolle verdi per cucinare ogni frittata. Tenere lanciando periodicamente fino a quando entrambi i lati sono cotti in modo uniforme.
3. Ricoprite la vostra frittata con spinaci, salsa piccante, salsa, pomodori e qualsiasi altro condimento di vostra scelta.

Capitolo Due: Ricette per il Pranzo Vegetariano Facili e Veloci

1. Cavolfiore Fritto all'Uovo

Ingredienti (2 persone)

- 20 ml di olio di cocco
- Fette di giallo, rosso e verde (a dadini)
- Una piccola cipolla (tagliata a dadini)
- Pomodorini (mezzo cestello)
- 1 testa completa di cavolfiore (grattugiato). Per risparmiare tempo, puoi usare quelli già pronti di Tesco
- 150 gr di Piselli (freschi o congelati)
- 2 uova leggermente sbattute
- Sale e pepe nero (a piacere)
- Opzionale - Salsa di soia (usa la salsa di soia tamari se stai cercando un'alternativa senza glutine)

Metodo:

1. Scaldare l'olio in un grande wok. Aggiungere cipolla e peperoni e cuocere per 2-3 minuti.
2. Aggiungere pomodori e piselli. Friggere questa miscela per altri 3 minuti.
3. Unire le uova sbattute con le verdure e distribuire uniformemente, in modo che la miscela di verdure sia completamente coperta. Distribuire uniformemente invece di mescolare. Attendere un minuto prima di mescolare le uova per formare una preparazione strapazzata.
4. Aggiungere il cavolfiore e soffriggere per altri 5-7 minuti fino a quando il composto diventa morbido.

5. Condire con salsa di soia, sale e pepe.

Suggerimento: questa miscela può creare deliziosi ripieni avvolgenti o può essere consumata da sola come opzione di pranzo rapida, facile e deliziosa.

2. Nachos Greci

Tempo: 20 minuti

Ingredienti (3 persone)

- 5 ml di succo di limone fresco
- Pepe macinato fresco (a piacere)
- 150 gr di lattuga (tritata)
- 400 gr di patatine pita integrali
- 150 gr di pomodori d'uva (squartati)
- 50 gr di formaggio feta (sbriciolato)
- 10 gr di olive (Kalamata tritato)
- 10 gr di cipolla rossa (tritata)
- 150 gr di hummus
- 5 gr di origano per condimento
- 10 di olio d'oliva

Metodo

1. Mescolare hummus (lasciare un po' da parte), olio d'oliva, pepe e succo di limone.
2. Disporre uno strato di pita su un piatto. Distribuire l'hummus sulle patatine.
3. Aggiungere lattuga, formaggio feta, olive, cipolle rosse e pomodori. Aggiungere un ciuffo della miscela di hummus mettere da parte in una ciotola. Completare con origano.

3. Deliziosa Zuppa di Noodle Tailandese

Ingredienti (2 ciotole)

- ½ pacchetto o tagliatelle di vermicelli di riso da 4 once
- ½ zenzero appena sbucciato e schiacciato
- 400 ml di brodo vegetale (senza sale)
- 150 gr di carote (fette sottili)
- ½ peperone rosso (affettato sottilmente)
- 2 spicchi d'aglio
- Mezzo cetriolo (affettato sottilmente nel senso della lunghezza)
- 25 gr di erbe fresche (misto)
- 3 cucchiai di arachidi tostate senza sale
- 10 ml di olio di peperoncino
- 1 ½ salsa di soia a basso contenuto di sodio

Metodo:

1. Cuocere le tagliatelle come indicato sulla confezione e scolare.
2. Scaldare sufficientemente la padella. Aggiungere lentamente l'olio. Gettare lo zenzero e l'aglio a cuocere per circa 1-2 minuti, mescolando continuamente la miscela.
3. Introdurre brodo e salsa di soia a basso contenuto di sodio. Lasciate bollire mescolando continuamente.
4. Fate sobbollire la miscela per 10-12 minuti.
5. Aggiungere cetriolo, carote e pepe in una ciotola e combinare bene. Distribuire le tagliatelle in due ciotole.
6. Ricoprire ogni ciotola con metà del composto di verdure.
7. Versare metà del brodo in ogni ciotola.
8. Cospargere con arachidi ed erbe.

9. Condire con un po' di olio di peperoncino per un sapore aggiunto.

4. Noci Riso fritto

Ingredienti (3 persone)

- 15 ml di olio di sesamo
- 400 gr di cimette di broccoli
- 1 pacchetto pre-made riso integrale
- 115 gr di funghi shiitake affettati
- 150 gr di anacardi tostati (non salati)
- 1 uovo sbattuto
- 15 ml di salsa di soia a basso contenuto di sodio
- 50 gr di burro di arachidi
- 1 gr di pepe nero
- 5 ml di aceto di riso
- 5 ml di acqua
- 5 gr semi di sesamo (tostato)

Metodo:

1. Scaldare ½ cucchiaio di olio su una fiamma alta in una grande padella antiaderente.
2. Aggiungere funghi e broccoli. Continuare la cottura per altri 5-7 minuti. Spegnere il fuoco e mettere da parte.
3. Aggiungere il resto del 1 cucchiaio di olio. Introdurre il riso insieme alle noci. Cuocere per altri 7-8 minuti.
4. Unire le uova a cuocere per un paio di minuti fino a quando non sono ben cotte.
5. Aggiungere broccoli, mezzo cucchiaio di salsa di soia e pepe.
6. Aggiungere il restante 1 ½ cucchiaio di salsa di soia, aceto, burro di arachidi e mezzo cucchiaio di acqua in una

ciotola. Ricoprire il riso con il mix di burro di arachidi e cospargere di semi di sesamo per un gusto extra.

5. Deliziosa Insalata Panzanella (Pane leggero e pomodori Insalata italiana)

Tempo: 20 minuti

Ingredienti (una grande ciotola)

- 30 ml di olio d'oliva
- 2 pomodori grandi (maturi e cubettati)
- 1 peperone giallo (a cubetti)
- 15 foglie di basilico (tritate)
- 1 cetriolo (tagliato a fette da ½ pollice)
- ½ cipolla rossa (tagliata sottilmente)

Dressing:

- 2 gr di aglio (schiacciato)
- 150 ml di olio d'oliva
- Senape di Digione
- 35 gr di capperi
- 1 gr di pepe nero macinato fresco
- Sale (secondo il gusto)
- 35 ml di aceto di vino

Metodo:

1. Preparare il condimento combinando aglio, aceto, olio d'oliva (metà quantità), senape, sale e pepe.
2. Aggiungere il resto dell'olio d'oliva in una padella. Cuocere i cubetti di pane a fuoco basso per 8-10 minuti fino a quando non diventano dorati.

3. Aggiungere più olio d'oliva come richiesto.
4. Mescolare cetriolo, peperone, cipolla rossa, pomodoro, capperi e basilico in una grande ciotola.
5. Aggiungere la vinaigrette insieme ai cubetti di pane cotto e saltare.
6. Unire il condimento (sale e pepe)

6. Baba Ghanoush

Tempo: 15 minuti

Ingredienti (2 ciotole)

- 4 piccole melanzane
- Sale e pepe (a piacere)
- spicchi d'aglio (tritati grossolanamente)
- 30 gr di prezzemolo (tritato)
- 2 pizzichi peperoncino rosso in polvere
- 40 ml di pasta di tahini
- 40 ml di succo di limone
- 20 ml di olio d'oliva (opzionale per la colatura)

Metodo:

1. Sbucciare le melanzane e aggiungere la sua carne a un processore insieme ad altri ingredienti.
2. Frullare fino ad ottenere una miscela liscia.
3. Condire con sale, pepe, peperoncino in polvere, prezzemolo e olio d'oliva (opzionale).
4. Da gustare con pane pita.

7. Muffin Vegetariani Facili

Tempo: 20 minuti

Ingredienti (4 persone)

- 4 Muffin (tostati quelli inglesi)
- 250 gr di germogli di erba medica
- 1 cipolla piccola (tritata)
- 1 avocado (schiacciato)
- 1 pomodoro (tritato)
- 50 ml di condimento per insalata (stile ranch)
- 250 gr di formaggio cheddar (affumicato)
- 50 gr di semi di sesamo nero ben tostati

Metodo:

1. Inizia preriscaldando il forno sulla modalità broil.
2. Metti un muffin sul foglio di biscotti aperto dopo la divisione.
3. Distribuire ogni metà con avocado porzionando tutti gli ingredienti in modo uniforme. Coprire ogni metà con pomodori, formaggio, cipolla, germogli, condimento e semi di sesamo.
4. Cuocere fino a quando il formaggio si scioglie in un marrone dorato e bolle.

8. Insalata di Pasta Leggera e Deliziosa

Tempo: 20 minuti

Ingredienti (per 4-6 persone)

Metodo:

- 1/2 scatola di pasta tricolore
- 300 gr di cipolle rosse (tritate)
- 220 gr di ricotta a fette
- 220 gr di provolone (a cubetti)
- 300 gr di peperone verde
- 150 gr di olive nere (a fette)
- 250 gr di pomodori (tagliati a dadini)

Dressing:

- 200 ml di olio extra vergine di oliva
- 10 gr di origano
- 200 ml di aceto di vino
- Sale e pepe
- 200 gr di zucchero

Metodo:

1. Unire tutti gli ingredienti del condimento per l'insalata e tenerlo da parte.
2. Preparare la pasta secondo le istruzioni della scatola.
3. Aggiungere le fette di ricotta.
4. Mescolare la ricotta, gli ingredienti tritati con la pasta cotta.
5. Aggiungere il condimento e raffreddare per un po' se si desidera un'insalata fredda. Se ti piace una consistenza di insalata più umida, versa ulteriore olio d'oliva o aceto.
6. Aggiungere il formaggio prima di servire.

9. Guacamole Messicano con Tortilla

Tempo: 20 minuti

Ingredienti (2-3 porzioni)

- 2 ½ Pomodori Rom (tagliati a dadini)
- 3 avocado (pelati e schiacciati)
- 100 gr di cipolla (tritata finemente)
- 5 gr di aglio (tritato)
- 30 gr di coriandolo fresco (tritato)
- 1/2 succo di lime

Metodo:

1. Unire succo di lime, sale, pepe e purè di avocado.
2. Aggiungere cipolla, coriandolo, aglio e cipolla.
3. Aggiungere più pepe se necessario.
4. Conservare in frigorifero per servire freddo o servire immediatamente
5. Il versatile guacamole può essere consumato da solo come insalata o abbinato a tortillas o anche come ripieno per pranzi veloci, facili e deliziosi.

10. Parmigiano Spinaci Riso al Forno

Tempo: 30 minuti

Ingredienti (2 persone)

- 1 confezione di spinaci surgelati (tritati). Assicurarsi che l'acqua in eccesso venga rimossa da esso.
- 600 gr di riso cotto
- 500 gr di formaggio (grattugiato)
- 250 gr di parmigiano (sbriciolato)
- 150 gr di burro
- 2 grandi cipolle verdi (tritate)
- 1 spicchio d'aglio (tritato)
- 200 ml di latte
- 3 uova grandi (sbattute)
- Sale e pepe (a piacere)
- 50 gr di parmigiano per guarnire
- Mozzarella grattugiata (contorno opzionale)

Metodo:

1. Preriscaldare il forno a 180 gradi C e irrorare leggermente la teglia di medie dimensioni.
2. Unire burro, formaggio cheddar, riso, cipolle, uova, latte, parmigiano, spinaci e aglio fino a quando non è completamente combinato.
3. Aggiungere sale e pepe a piacere.
4. Disporre il composto sulla teglia e guarnire con parmigiano.
5. Cuocere in forno per 20 minuti. Se si sta guarnendo con mozzarella, aggiungerlo durante gli ultimi 3-4 minuti del tempo di cottura.

11. Messicano Pico De Gallo

Tempo: 15 minuti

Ingredienti (2 persone)

- 2-3 peperoni Jalapeno (affettati)
- 5 ml di succo di lime
- 4 pomodori plum maturi (tritati grossolanamente)
- 1 cipolla bianca (tagliata a dadini)
- Sale (secondo il gusto)
- 200 gr di coriandolo (tritato grossolanamente)

Metodo:

1. Mescolare tutti gli ingredienti e coprire.
2. Refrigerare se si vuole godere freddo. Altrimenti, va bene così com'è. Evitare di conservarlo e consumare lo stesso giorno per la freschezza.

12. Super Vegetariano Club Sandwich

Tempo: 10 minuti

Ingredienti (per 1 persona)

- 3 fette di pane granaio grande
- Succo di limone (una spremuta)
- 1 carota (sbucciare e grattugiare grossolanamente)
- 2 pomodori (affettati fittamente)
- 10 di olio d'oliva
- 20 gr di hummus
- 1 manciata di cavolo

Metodo:

1. Pane tostato leggermente. Nel frattempo, mescolare la carota, il succo di limone, l'olio d'oliva e il crescione.
2. Distribuire hummus su ogni fetta di pane tostato.
3. Aggiungere il crescione e la miscela di carote a una fetta. Metti un'altra fetta sopra di essa e coprila con una fetta di pomodoro spessa. Infine, aggiungere la terza fetta (lato hummus sarà verso il basso).
4. Tagliare il panino in quarti e godere.

13. Pomodoro Mozzie Burger

Tempo: 10 minuti

Ingredienti (per 3 persone)

- 3 grandi pomodori maturi
- Sale e pepe (a piacere)
- 115 gr di mozzarella (non salata)
- 10 di olio d'oliva
- ½ spicchio d'aglio grande (affettato sottilmente)
- 1 manciata di foglie di basilico fresco

Metodo:

1. Riscaldare il forno a 210° C. Tagliare il pomodoro in due metà orizzontali. Potrebbe essere necessario tagliare il fondo del pomodoro per farlo stare correttamente.
2. Disporre i pomodori con la parte tagliata su una teglia rivestita di carta stagnola (bordata) o una teglia.
3. Coprire con olio. Aggiungere il condimento come richiesto. Cospargere l'aglio a fette sottili sui pomodori.
4. Arrostire fino a quando non è ammorbidito per circa 12-15 minuti.
5. Nel frattempo, tagliare la mozzarella in tre fette da ½ pollice. Utilizzare una spatola per sandwich la fetta tra due metà di pomodoro caldo fino a quando il calore si scioglie leggermente la mozzarella.
6. Condire i pomodori con tutti i succhi accumulati nella padella e guarnire con basilico fresco prima di servire.

14. Insalata Israeliana

Tempo - 15 minuti

Ingredienti (4 persone)

- 200 gr di cetrioli (persiani o altre varianti a dadini)
- 70 gr di cipolla (a pezzi, tritata)
- 220 gr di pomodori freschi maturi (affettati)
- 150 gr di prezzemolo fresco (tritato)
- Sale (secondo gusto)
- 15 ml di olio extravergine di oliva
- 1 ½ succo di limone fresco

Metodo:

1. Unire i cetrioli a dadini con tutti gli ingredienti.
2. Unire bene fino a quando le verdure si combinano con olio, prezzemolo fresco, sale e succo di limone.
3. Ha un sapore migliore a temperatura ambiente, anche se è possibile refrigerare se si preferisce una versione più fredda. Da gustare come insalata o come pranzo sano e leggero.

Capitolo 3: Cene Vegetariane Semplici e Deliziose

1. Patate Dolci Africane in Zuppa di Arachidi

Tempo: 25 minuti

Ingredienti (2-3 porzioni)

- 2 ml di olio di arachidi
- 1 ½ spicchio d'aglio (schiacciato)
- 500 ml di brodo vegetale a basso contenuto di sodio
- ¼ di barattolo di pomodori (a metà)
- ½ cipolla (tritata finemente)
- zenzero da 1 pollice (tritato finemente)
- 430 gr di patate dolci (sbucciate e tagliate a pezzi grossi da un pollice)
- 150 gr di burro di arachidi naturale
- 5 gr di concentrato di pomodoro
- 2 gr di cayenne (a seconda del gusto è possibile aggiungere o ridurre la quantità)
- 250 gr di cavoli verdi
- Sale secondo il gusto
- Arachidi tostate per guarnire

Metodo:

1. Scaldare l'olio di arachidi nella pentola. Aggiungere aglio, zenzero, patate dolci e cipolla. Cuocere a fuoco medio fino a quando la miscela si ammorbidisce.
2. Aggiungere pomodori, cayenna, concentrato di pomodoro, burro di arachidi e brodo. Continuare a mescolare per mescolare bene gli ingredienti fino a quando non inizia a sobbollire.

3. Fate sobbollire a fuoco basso per 8-10 minuti coprendo la pentola.
4. Schiacciare grossolanamente le patate con uno schiacciapatate.
5. Aggiungere verdure e cuocere a fuoco lento senza coprire la pentola per 3-4 minuti.
6. Aggiungere sale secondo il gusto.
7. Servire su un letto di gusto marrone.
8. Guarnire con arachidi tostate.

2. Zuppa di Senape Olandese

Tempo: 20 minuti

Ingredienti (2-3 porzioni)

- 750 ml di brodo vegetale
- 150 gr di farina
- 30 gr di senape
- 50 gr di burro
- 10 ml di panna
- Sale e pepe (a piacere)

Metodo:

1. Aggiungere il brodo vegetale alla padella. Portare ad ebollizione mescolando.
2. In un'altra padella, sciogliere il burro e aggiungere la farina. Continuare a mescolare per evitare formazioni di grumi. Cuocere fino ad ottenere un composto liscio e per circa 4-5 minuti.
3. Aggiungere azione gradualmente a circa 1/4 di tazza ogni volta. Mescolare continuamente. Cuocere continuamente fino ad ottenere una consistenza uniforme e cremosa, senza grumi.
4. Fate sobbollire a fuoco basso dopo aver aggiunto l'intero brodo per 12 minuti.
5. Aggiungere la panna montata sulla parte superiore e servire caldo.

3. Peperoni Ripieni di Riso e Tofu (un delizioso tocco vegetariano su una classica ricetta di manzo)

Tempo: 30 minuti

Ingredienti (4 porzioni)

- 500 gr di riso cotto marrone o bianco
- 600 ml di salsa marinara
- 1 spicchio d'aglio (tritato finemente)
- 30 ml di olio d'oliva
- 2 peperoni rossi (tagliati a metà)
- 4 fette di pomodoro
- 500 gr di mozzarella (tagliuzzata)
- 1 confezione di tofu extra duro (tagliato a dadini dopo lo scarico)
- 2 peperoni gialli (tagliati a metà)
- Sale e pepe

Metodo:

1. Scaldare l'olio in una padella e cuocere a fuoco basso. Introdurre il tofu e l'aglio tritato finemente e continuare a cuocere per circa 5-6 minuti.
2. Mescolare 1 tazza di salsa marinara.
3. Aggiungere sale e pepe a piacere e cuocere fino a quando il composto diventa dorato.
4. Preriscaldare il forno a 175 gradi c.
5. Aggiungere parti uguali di riso in ciascuno dei peperoni. Aggiungere la salsa marinara rimanente e una tazza di formaggio.
6. Aggiungere il tofu, ancora una volta ugualmente porzionato in 4 peperoni.

7. Mettere il pomodoro a fette su ogni peperone e guarnire con la restante tazza di formaggio.
8. Cuocere i peperoni per 20 minuti fino a quando il formaggio si scioglie. Servire caldo.

4. Thai Arachidi Pasta Vegetariana

Tempo: 25 minuti

Ingredienti (2 persone)

- 1 cipolla rossa (sottili fette semicircolari)
- ½ carota grande (tagliata a bastoncini sottili)
- 5 gr di zenzero grattugiato
- 1 spicchio d'aglio
- 230 gr di funghi cremini (affettati)
- 10 di olio d'oliva
- ½ peperone grande (affettato)
- 30 ml di salsa di soia
- 2 ml di burro di arachidi
- 115 gr di spaghetti integrali
- ½ succo di lime
- ¼ coriandolo (tritato)
- ¼ arachidi (tritate)
- 15 ml di aceto di riso

Metodo:

1. Scaldare l'olio d'oliva in una padella a fuoco basso. Introdurre cipolla, carote e funghi. Cuocere continuamente per 7 minuti o fino a quando la miscela diventa morbida. Aggiungere zenzero, aglio e pepe. Soffriggere per 2-3 minuti.
2. Mescolare salsa di soia, burro di arachidi e aceto di riso. Aggiungi questa miscela alla padella. Versare il brodo lentamente. Mescolare e mischiare.
3. Aggiungere gli spaghetti e cuocere fino a quando non si ammorbidisce. Aumentare il calore, coprire padella e portare ad ebollizione.

4. Rimuovere il coperchio e abbassare il calore. Cuocere per 9-10 minuti o fino a quando la pasta diventa semi cotta o al Dante. Dovrebbe assorbire il liquido. Continua a mescolare.
5. Guarnire con coriandolo, succo di lime e arachidi tritate.

5. Tikka Masala Vegetariana Piccante

Tempo: 25 minuti

Ingredienti (5 persone)

- 5 gr di curcuma (macinata)
- 1 gr di fiocchi di pepe rosso
- 2 pacchetti da 400 gr ciascuno di tofu extra sodo
- 20 ml di olio di canola
- 1 ½ peperone grande (affettato)
- 10 gr di zenzero (tritato)
- 1 ½ cipolla grande (affettata)
- barattolo da 800 gr di pomodori secchi
- 10 gr di farina
- 2 spicchi d'aglio

Metodo:

1. Mescolare garam masala, sale, curcuma e pepe rosso (può essere saltato se si vuole evitare spezie in più in una ciotola.
2. Aggiungere un pollice a cubetti pezzi di tofu in una ciotola con un cucchiaio di mix di spezie.
3. Scaldare 1 cucchiaio di olio a fuoco basso. Butta il tofu. Continuare a cuocere per 10-12 minuti, mescolando di tanto in tanto fino a quando il tofu diventa marrone dorato. Trasferire la miscela sul piatto.
4. Aggiungere l'olio rimanente, la cipolla, lo zenzero, l'aglio, il peperone e continuare a cuocere il composto, fino a quando non diventa rosolato in 5 minuti.
5. Aggiungere la farina insieme al restante mix di spezie. Lasciate che rivestito con la miscela di spezie per un paio di minuti.

6. Unire i pomodori e cuocere a fuoco basso per 5-6 minuti (mescolando spesso) fino a quando le verdure si sono ammorbidite.
7. Aggiungere il tofu nella padella, cuocere mescolando di tanto in tanto per 3-4 minuti. Togliere dalla fiamma. Mescolare metà e metà.
8. Godetevi con a lato di riso integrale.

6. Maccheroni al Peperoncino e Formaggio

Tempo: 20 minuti

Ingredienti (3 persone)

- 500 ml zuppa di pomodoro
- 1 ½ cipolla media (tritata finemente)
- 5 gr di paprika (affumicata)
- 2 gr di peperoncino rosso in polvere (regolare secondo il gusto)
- 1 gr di cumino macinato
- 5 funghi di medie dimensioni (affettati)
- 120 g di fagioli cotti
- Sale e pepe (a piacere)
- 1 peperone (affettato)
- 180 g di pasta (non cotta)
- 150 ml di acqua
- formaggio cheddar 80 g (grattugiato)
- Cipollotto fresco e coriandolo (tritato)

Metodo:

1. Se si utilizza la zuppa congelata, scongelare nel microonde per 12 minuti.
2. Nel frattempo, scaldare l'olio in una padella. Aggiungere peperoni, cipolle, peperoncino e, infine, funghi.
3. Cuocere a fuoco basso per alcuni minuti fino a quando le verdure raggiungono una consistenza morbida.
4. Aggiungere fagioli e tutte le spezie. Condiscilo bene.
5. Aggiungere la zuppa di pomodoro, la pasta cruda e l'acqua. Unire a cuocere a fuoco lento per 15-20 minuti. Mescolare regolarmente fino a quando la pasta è ben cotta. Aggiungere un po' di acqua se necessario.

6. Una volta pronto, aggiungere metà del formaggio cheddar alla pasta e unire. Coprire la pasta con il formaggio rimanente e cuocere a fuoco basso fino a quando il formaggio si scioglie in un marrone dorato.

7. Guarnire con coriandolo fresco, coriandolo e cipolline. Servire caldo con pane all'aglio o un accompagnamento a scelta.

7. Ceci Shakshuka

Tempo: 30 minuti

Ingredienti (4-6 porzioni)

- 20 ml di olio d'oliva
- ½ peperone rosso (tritato)
- 150 gr di cipolla bianca (tagliata a dadini)
- 1 barattolo da 800 ml di passata di pomodoro
- 10 ml di sciroppo d'acero
- 7 gr di paprika affumicata
- 4 spicchi d'aglio (a pezzi)
- 10 gr di cumino
- 30 ml di concentrato di pomodoro
- 10 gr di peperoncino in polvere
- 1 gr di cannella (macinata)
- 500 gr di ceci (cotti e scolati)
- Fette di limone
- Sale (secondo il gusto)

Metodo:

1. Riscaldare una grande padella bordata a fuoco ridotto / basso. Introdurre lentamente olio d'oliva, cipolla, aglio e peperone. Cuocere la miscela per circa 5-7 minuti, mescolando regolarmente. La miscela deve essere morbida e aromatica.
2. Aggiungere concentrato di pomodoro, sciroppo d'acero, passata di pomodoro, sale, cumino, paprika, cannella in polvere e cardamomo. Mescolare bene.
3. Fate sobbollire a fuoco basso per 3-4 minuti mescolando regolarmente la miscela. Se si preferisce una texture più liscia e cremosa, si consiglia di utilizzare un frullatore.

Tuttavia, puoi lasciarlo così com'è se preferisci un risultato più grossolano.

4. Aggiungere ceci e olive e mescolare il composto per unire bene tutti gli ingredienti. Lasciare che i sapori si amalgamino, facendo sobbollire la miscela per 15 minuti.

5. Regolare i condimenti come richiesto. Per più fumosità, puoi aggiungere più paprika. Allo stesso modo, se lo vuoi più dolce, aggiungi più sciroppo d'acero.

6. Guarnire con succo di limone, più olive e verdure tritate (prezzemolo opzionale o coriandolo).

7. Servire con pasta, riso o pane. Può rimanere in frigorifero per un massimo di 4 giorni e congelato per un massimo di un mese.

8. Hamburger di Fagioli Neri

Tempo: 25 minuti

Ingredienti (4 hamburger)

- 1 fetta di pane tostato e strappato
- 7 ml di succo di lime fresco
- 2 gr di lime grattugiato (scorza)
- ½ noce (tritata)
- 150 gr di cipolla (tritata
- 4 gr di cumino (macinato)
- 1 lattina di fagioli neri non salati (lavare e scolare)
- 2 gr di salsa piccante
- 15 gr di aglio (tritato)
- 40 ml di olio d'oliva
- 1 uovo (sbattuto)
- Sale (secondo il gusto)

Metodo:

1. Passare il pane nel robot da cucina 4-5 volte prima di trasferirlo in una grande ciotola.
2. Aggiungere la cipolla, il succo di lime, il sale, la scorza, i fagioli e l'aglio nel processore. Passare per circa 4-5 volte.
3. Aggiungere il mix di fagioli, la salsa piccante, l'uovo e la noce al pangrattato.
4. Separare la miscela in parti uguali e modellare ciascuno in una spessa (3/4 pollici).
5. Scaldare l'olio in una padella e aggiungere le polpette. Cuocere uniformemente a fuoco lento per 7-8 minuti su ciascun lato fino a ottenere una sfumatura brunastra.

6. Aggiungi salse a tua scelta insieme a una fetta di pomodoro e altre verdure crude in panini di hamburger da gustare come deliziosi hamburger vegetariani.

9. Curry di Patate e Funghi

Tempo: 20 minuti

Ingredienti (per 4 persone)

- 1 cipolla (tritata grossolanamente)
- 1 patata grande
- 1 melanzana grande (tagliata in piccoli pezzi grossi)
- 20 ml di olio
- 300 gr di funghi champignon
- 500 ml di brodo vegetale
- 30-40 gr di pasta di curry
- Coriandolo (tritato)
- Sale
- 350 ml di latte di cocco

Metodo:

1. Aggiungere olio riscaldamento pan sufficientemente. Introdurre patate e cipolla tritata grossolanamente. Cuocere coperto per 5-10 minuti fino a quando le patate hanno ammorbidito.
2. Aggiungere funghi e pezzi di melanzane e cuocere per 3-4 minuti.
3. Unire la pasta di curry, il latte di cocco e il brodo vegetale.
4. Far bollire la miscela seguita da cuocere a fuoco basso per 10-12 minuti o fino a quando le patate ottenere una consistenza morbida.
5. Guarnire con coriandolo e servire con riso, pane o naan.

10. Curry di Verdure Rosso Tailandese

Tempo: 25 minuti

Ingredienti (4 persone)

- 30 ml di olio d'oliva
- 3 spicchi d'aglio (tritato)
- 1 grande peperone rosso (tagliato a strisce)
- 10 gr di zenzero (grattugiato finemente)
- 1 grande peperone giallo (tagliato a strisce)
- 1 cipolla di medie dimensioni (tritata)
- Sale
- 1 ½ lattina di latte di cocco
- 3 carote (sbucciate, affettate in pezzi rotondi spessi ½ pollice
- 20 ml di salsa di soia
- 500 gr di cavolo (fette sottili)
- 150 ml di acqua
- 20 gr di zucchero di canna
- 30 ml di Pasta di curry rosso tailandese
- Basilico fresco o coriandolo(tritato)
- Fiocchi di pepe rosso (contorno opzionale)
- 3 gr di aceto di riso
- Sriracha / salsa all'aglio chili

Metodo:

1. Riscaldare una padella grande. Introdurre olio. Aggiungere la cipolla e il sale per cuocere fino a quando la cipolla diventa morbida per 5-7 minuti. Continuare a mescolare frequentemente.
2. Aggiungere l'aglio seguito dallo zenzero e cuocere per 2-3 minuti, mescolando continuamente.

3. Aggiungere carote e peperoni e cuocere fino a quando i peperoni sono leggermente morbidi per 5 minuti mescolando continuamente. Unire la pasta di curry saporita e mescolare bene per 2-3 minuti.
4. Aggiungere latte di cocco, cavolo, zucchero e acqua. Mescolare bene. Cuocere a fuoco lento. Cuocere fino a quando i peperoni e le carote diventano morbidi per 7-10 minuti. Mescolare frequentemente.
5. Togliere dalla pentola e condire con aceto, tamari o guarnire opzionale. Regolare il sale secondo il gusto.
6. Servire con un letto di riso.

Libro Di Ricette Di Dieta 5:2 In Italiano/ 5: 2 Diet Recipe Book In Italian

Introduzione

Congratulazioni per l'acquisto di questo libro e grazie per averlo fatto.

I capitoli seguenti illustreranno tutte le ricette che dovete conoscere per iniziare con la dieta 5: 2. Questo programma di dieta è semplice da seguire. Avete due giorni durante la settimana che digiunate e cinque giorni che vi è permesso di festeggiare (entro i limiti della ragione). L'idea è che con i due giorni di digiuno, che non dovrebbero essere consecutivi, potete assumere meno calorie e perdere peso senza tutto il lavoro.

La parte più difficile di questo programma di dieta è trovare pasti sufficientemente poveri di calorie da non interrompere il digiuno. Inoltre, volete che anche loro si riempiano, quindi non dovete affrontare tutte le tentazioni. Questa guida vi fornirà molti ottimi pasti per colazione, pranzo, cena e dessert con meno di 350 calorie. Questo li rende facili da inserire nella vostra giornata, che voi siate in un giorno di festa o in un giorno di digiuno e può darvi i risultati che desiderate! Prendetevi un po' di tempo per sfogliare le ricette e scegliete prima quelle che volete provare!

Ci sono molti libri su questo argomento sul mercato, grazie ancora per aver scelto questo! Ogni sforzo è stato fatto per fornirvi quante più informazioni utili possibili. Godetevelo!

Capitolo 1: Ricette per la Colazione

Composta di mirtilli e yogurt

Calorie: 75

Cosa contiene

- Crusca (1 cucchiaino)
- Yogurt senza grassi (3 cucchiai)
- Mirtilli (50)

Come è fatto

1. Prendete una ciotola e metteteci dentro i mirtilli. Mettere nel microonde e riscaldare a una temperatura elevata per circa 45 secondi in modo che i mirtilli inizino a scoppiare.
2. Togliere la ciotola dal microonde e lasciateli raffreddare un po'.
3. Quando i mirtilli sono cotti, guarnire con la crusca e lo yogurt prima di servire.

Pane tostato con miele e ricotta

Calorie: 130

Cosa contiene

- Miele (1 cucchiaino)
- Ricotta (2 cucchiai)
- Pane (1 fetta)

Come è fatto

1. Prendere il pane tostato e metterlo nel tostapane, tostandolo leggermente secondo le vostre preferenze.
2. Distribuire la ricotta sulla fetta di pane e poi cospargere di miele prima di servire.

Frittata di Svizzera e Pere

Calorie: 121

Cosa contiene

- Formaggio svizzero grattugiato (42 gr)
- Latte di mandorle (1,5 cucchiai)
- Uova (3)
- Sale(70 gr.)
- Pera tritata (.25)
- Scalogno a cubetti (1)
- Olio d'oliva (1 cucchiaio)

Come è fatto

1. Riscaldare una padella. Quando la padella è calda, aggiungere il sale, la pera e lo scalogno e cuocere per cinque minuti.

2. Durante la cottura, prendere una ciotola e sbattere insieme il latte di mandorle e le uova. Versatelo sopra le pere per cuocere.
3. Una volta che vedete che i bordi stanno diventando bianchi e il fondo ha iniziato a cuocere, capovolgete la frittata.
4. Aggiungere il formaggio al centro e piegare la frittata a metà. Cuocere ancora un po' per sciogliere il formaggio.

Frullato di tè Chai

Calorie: 123

Cosa contiene

- Ghiaccio
- Stevia(70 gr.)
- Cannella(70 gr.)
- Yogurt alla vaniglia (1 kg)
- Banana(5)
- Tè chai preparato(1200 ml)
- Latte di mandorla(1200 ml)
- Farina di lino (4 gr)

Come è fatto

1. Per iniziare, mescolate la farina di lino e il latte di mandorle e lasciate riposare un po' mentre lavorate sugli altri ingredienti.
2. Estrarre un frullatore e aggiungere il resto degli ingredienti all'interno fino a ottenere un composto liscio e cremoso.

3. Aggiungere un po' di ghiaccio insieme alla miscela di latte di mandorle e frullare ancora. Cospargere un po' di cannella e poi servire.

Frittata Di Albume

Calorie: 78

Cosa contiene

- Pepe
- Erba cipollina tritata (2)
- Zucchini grattugiati (1)
- Pomodoro a cubetti (1)
- Albumi montati a neve (2)

Come si fa?

1. Tirare fuori una padella e lasciatela scaldare a fuoco basso. Mettere anche la griglia in alto.
2. Versare gli albumi in una ciotola e condire con il pepe prima di aggiungerli nella padella, girando intorno in modo che si stenda.
3. Quando il fondo della frittata avrà iniziato a cuocere, cospargere con l'erba cipollina, i pomodori e gli zucchini e scaldare per qualche secondo.
4. Toglietela dal fuoco e mettetela sotto la griglia, assicurandovi che il manico sporga dal forno. Dopo un altro minuto, è ora di divertirsi.

Focaccine di Formaggio

Calorie: 162

Cosa contiene

- Strisce di pancetta tritata (3)
- Latticello (15 ml)
- Uovo sbattuto (10 erbe (50 ml)
- Parmigiano (25 gr)
- Burro (75 g)
- Farina autolievitante (250 gr)

Come è fatto

1. Lasciare che il forno si riscaldi fino a 210° C. Tirar fuori una padella e cuocere la pancetta fino a renderla croccante, mescolando lungo il percorso. Scolare la pancetta e conservarla su carta assorbente.
2. Setacciare la farina in una ciotola e aggiungere il burro. Mescolare con le mani fino ad ottenere il pangrattato. Aggiungere le erbe aromatiche e il parmigiano insieme alla pancetta.
3. Sbattere il latticello e le uova in una ciotola diversa prima di aggiungerle al pangrattato. Formare una palla.
4. Posizionare l'impasto su una superficie infarinata e formare un tondo. Usare uno stampino per biscotti rotondo per creare dei cerchi nell'impasto.
5. Mettete questi cerchi su una teglia e infornate. Dopo 10 minuti, le focaccine dovrebbero essere pronte e potete servire.

Colazione in Tazza

Calorie: 240

Cosa contiene

- Crescione (1 manciata per piatto)
- Olio d'oliva
- Uova (8)
- Pomodorini (8)
- Fette di prosciutto (4)
- Fette di pane (8)

Come è fatto

1. Accendete il forno e lasciate scaldare fino a 170° C. Ungere leggermente una teglia per muffin.
2. Prendere il pane e ritagliare dei piccoli cerchi. Metterne uno in ogni scomparto della teglia per muffin e spingere verso il basso per tenerli in posizione.
3. Mettere la teglia per muffin nel forno e cuocere per dieci minuti, in modo che diventino croccanti. Sfornate e lasciate raffreddare.
4. Dividete il prosciutto tra le 8 sezioni nella teglia e rompete un uovo in ognuna. Rimettere in forno.
5. Questo dovrebbe cuocere per altri 10 minuti in modo che l'uovo possa avere il tempo di solidificarsi. Servire con un po' di crescione e gustare.

Pancake

Calorie: 285

Cosa contiene

- Sciroppo d'acero (80 ml)
- Olio d'oliva (40 ml)
- Latte scremato (300ml)
- Uovo (1)
- Farina di grano saraceno (50 g)
- Farina integrale (50g)

Come è fatto

1. Setacciare entrambe le farine in una ciotola per aiutarle a unirsi. In un'altra ciotola sbattere il latte e l'uovo prima di aggiungerli alle farine per formare una pastella.
2. Lasciar riposare questa pastella per circa 30 minuti, in modo che abbia il tempo di amalgamarsi.
3. Trascorso questo tempo scaldate un po' d'olio in una padella finché non sarà ben caldo, ma non fumante. Aggiungere qualche cucchiaio di pastella e cuocere per qualche minuto prima di girare e cuocere dall'altra parte.
4. Spostarsi su un piatto e ripetere fino ad ottenere otto pancake. Servire due pancake a persona.

Farina d'Avena Autunnale delle Spezie

Calorie: 265

Cosa contiene

- Zenzero.(70 gr.)
- Cannella39 gr.)
- Fiocchi di avena.(510 gr)
- Pera asiatica (.(1200 gr)
- Latte di mandorla(60 ml)
- Succo di mela.(30 ml)

Come è fatto

1. Tirar fuori la pentola e metterci dentro la pera, il latte e il succo. Scaldare sul fornello finché non bolle.
2. Aggiungere i fiocchi d'avena a questa miscela e poi abbassare il fuoco al minimo. Cuocere tutti gli ingredienti insieme fino a cottura ultimata.
3. Cospargere con lo zenzero e la cannella e poi servire caldo.

Toast Francese al Lampone

Calorie: 294

Cosa contiene

- Fette d'arancia (4)
- Vaniglia (1 pizzico)
- Lamponi (100g)
- Burro (16 gr)
- Pane (8 fette)
- Latte scremato (370 ml)
- Uova (3)
- Cornflakes (200 gr)

Come è fatto

1. Aggiungere i cornflakes in un robot da cucina e frullare alcune volte.
2. Prendere una ciotola e sbattere insieme il latte e le uova. Quando quelli sono uniti, aggiungere la vaniglia.
3. Immergere le fette di pane nel composto di uova e poi ricoprirle con i cornflakes.
4. Tirar fuori la padella e sciogliere il burro sopra. Cuocere ogni fetta di pane per pochi minuti da entrambi i lati, così diventa dorata e croccante.
5. Servire con un tocco di arancia e dei lamponi e gustare.

Budino Di Burro Di Mandorle

Calorie: 290

Cosa contiene

- Mela a fette (1)
- Olio di cocco, sciolto (13 ml)
- Latte di mandorle (30 ml)
- Sale
- Burro di mandorle (30 ml)
- Fichi tritati, secchi (1)
- Semi di chia (15 gr)
- Pera tritata (1)
- Composta di mele(1200 ml)

Come è fatto

1. Tirar fuori il frullatore e unire la pera e la salsa di mele fino a ottenere un composto omogeneo.
2. Quando è pronto, aggiungere il burro di mandorle, i fichi e i semi di chia. Lasciar che si unisca e poi lasciar riposare per 10 minuti o più.
3. Trascorsi i dieci minuti, aggiungere il latte di mandorle e il sale e frullare ancora fino ad amalgamare.
4. Mentre il frullatore è ancora in funzione, aggiungere lentamente l'olio di cocco fino a quando non è tutto unito.
5. Servite questa salsa con le fette di mela e gustatela.

Capitolo 2: Ricette per il Pranzo

Fette Biscottate Al Pomodoro

Calorie: 112

Cosa contiene

- Fette biscottate di segale (4)
- Peperone verde a fette (1)
- Aceto balsamico (10 ml)
- Prezzemolo tritato (1 gr)
- Lime grattugiato e spremuto (1)
- Peperoncino rosso a cubetti (1)
- Pomodorini a cubetti (8)

Come è fatto

1. Mescolare tutti gli ingredienti oltre alle fette biscottate fino a ottenere un composto omogeneo.
2. Lasciar riposare questi ingredienti per una decina di minuti.
3. Quando il tempo è scaduto, servire sopra il pane croccante e poi servire.

Insalata Asiatica

Calorie; 140

Cosa contiene

- Pepe
- Sale
- Germogli di soia(700 gr)
- Lattuga romana (90 gr)
- Bok choy (90 gr)
- Mela tritata (.5)
- Cetriolo tritato(1200 gr)
- Acqua (15 ml)
- Aceto balsamico (15 ml)
- Olio di sesamo (10 ml)
- Broccoli tritati (.(1200 gr)

Come è fatto

1. Mettere una tazza d'acqua in una padella e lasciarla bollire. Aggiungere i broccoli e cuocere per qualche minuto. Quando i broccoli sono cotti, aggiungerli a una ciotola di acqua ghiacciata per fermare il processo di cottura.
2. Mettere l'acqua, l'aceto balsamico e l'olio di sesamo in una ciotola e sbattere insieme.
3. Ora aggiungere le verdure, la mela, il cetriolo e i broccoli nella ciotola. Guarnire con i germogli e condire con pepe e sale prima di servire.

Funghi Spinaci ed Aglio

Calorie: 135

Cosa contiene

- Pepe
- Spinaci baby (100g)
- Scorza di limone (1)
- Crema di formaggio all'aglio e alle erbe (100g)
- Acqua (60 ml)
- Funghi (4)

Come è fatto

1. Aggiungere l'acqua in una padella e scaldarla. Aggiungere i funghi e lasciarli scaldare finché non saranno morbidi.
2. Mentre i funghi cuociono, mescolare la scorza e la crema di formaggio e poi dividere i funghi. Mettere il coperchio e cuocere per cinque minuti.
3. Togliere il coperchio e aggiungere gli spinaci con i funghi. Rimettere il coperchio e cuocere ancora un po'. Servire in tavola appena pronto.

Zuppa di Melone e Zenzero

Calorie: 80

Cosa contiene

- Foglie di menta
- Noce moscata (7 gr)
- Latte(1 l)
- Miele (15 ml)
- Sale
- Succo di Lime(5)
- Zenzero grattugiato (3 gr)
- Melone a cubetti (1)

Come è fatto

1. Togliere il frullatore e aggiungere tutti gli ingredienti oltre alle foglie di menta e al latte all'interno. Mescolare insieme fino a che non risulta liscio.
2. Ora aggiungere il latte e frulla ancora un po'. Guarnire con la foglia di menta e poi servire.

Pizze Di Zucchine

Calorie: 210

Cosa contiene

- Sale
- Condimento italiano (15 ml)
- Mozzarella(1 l)
- Salsa Marinara (30 ml)
- Olio d'oliva (15 ml)
- Zucchine a fette (1)

Come è fatto

1. Lasciare che il forno si riscaldi fino a 210° C. Rivestire la teglia di carta da forno.
2. Tirate fuori una ciotola e condite l'olio con le fette di zucchine. Aggiungetele alla teglia e condite con salsa marinara, formaggio, condimento italiano e sale.
3. Mettete in forno a cuocere per 15 minuti e poi servite.

Pesche e Brie Quesadilla

Calorie: 225

Cosa contiene

- Scorza di lime grattugiata (7 gr)
- Succo di lime (30 ml)
- Miele (30 ml)
- Tortillas di farina (2)
- Formaggio Brie (85 gr)
- Zucchero di canna (4 gr)
- Erba cipollina tritata (0.2 gr)
- Pesche a fette (270 gr)

Come è fatto

1. Prendere una ciotola e aggiungere lo zucchero di canna, l'erba cipollina e le pesche. Gettare tutto intorno al rivestimento.
2. Distribuire metà di ogni tortilla con metà del brie e metà delle pesche. Piegatelo a metà e aggiungetelo a una padella calda.
3. Cuocetele per qualche minuto per lato per farle dorare un po'. Tirare fuori dalla padella e tenetelo al caldo.
4. Prendete un'altra ciotola e sbattete insieme la scorza di lime, il succo di lime e il miele. Servire questo con le quesadillas.

Hamburger di Tacchino

Calorie: 217

Cosa contiene

- *Salsa*
- Lattuga croccante
- La scorza e il succo di un limone (.(5)
- Olio d'oliva (15 ml)
- Cipolla rossa a cubetti (.(5)
- Senape in Grani13 gr.)
- Mela a cubetti (1)
- Barbabietole a cubetti (4)
- *Burgers*
- Pepe
- Sale
- Succo di limone.(5)
- Cipolla rossa dolce a cubetti (5)
- Timo (3 gr)
- Trito di tacchino magro (450g)

Come è fatto

1. Prendere una ciotola e mescolare il tacchino, il succo di limone, la cipolla tritata e il timo. Formare questo in quattro polpette.
2. Tirare fuori un'altra ciotola e mescolare tutti gli ingredienti per la salsa e metti da parte.
3. Accendere la griglia e lasciar che si scaldi. Cuocere gli hamburger su ogni lato per circa 6 minuti.
4. Servire un hamburger a persona e aggiungere la lattuga per guarnire e la salsa.

Zuppa Gazpacho

Calorie: 176

Cosa contiene

- Peperone verde e rosso, a dadini (.5 ciascuno)
- Scalogno tritato (2)
- Pepe
- Sale
- Aceto di scalogno (30 ml)
- Olio d'oliva (15 ml)
- Cetriolo a cubetti (5)
- Spicchi d'aglio (3)
- Scalogno tritato (4)
- Pomodori (1 kg)

Come è fatto

1. Mettere il cetriolo, l'aglio, lo scalogno e i pomodori in un frullatore e lasciarli frullare fino a che non risulta liscio.
2. Passare questa miscela alcune volte al setaccio per eliminare le bucce e le polpe.
3. Rimetterlo nel frullatore e aggiungere lentamente l'aceto di sherry e l'olio d'oliva. Condire e mettere in frigo a raffreddare per un po'.
4. Servire con qualche scalogno e peperoni a cubetti sopra.

Torte Di Granchio Tailandesi

Calorie 224

Cosa contiene

- Olio vegetale (15 ml)
- Succo di limone.(5)
- Scalogno tritato (4)
- Coriandolo tritato (1 manciata)
- Peperoncino rosso a cubetti (1)
- Pangrattato (140 gr)
- Uova sbattute (2)
- Purè di patate, freddo (230 gr0
- Polpa di granchio in scatola (340 gr)
- *Dip*
- Zucchero di canna (4 gr)
- Succo di Lime(5)
- Spicchio d'aglio (1)
- Salsa di soia (50 ml)

Come è fatto

1. Prendere una ciotola e mescolare tutti gli ingredienti per la salsa fino a quando non sono ben uniti. Metterlo da parte.
2. Ora tirar fuori un'altra padella e mescolare metà dell'uovo sbattuto con il succo di limone, il peperoncino, lo scalogno, il coriandolo, le patate e la polpa di granchio.
3. Formare questo in 12 torte e spolverare con la farina. Immergere nel resto dell'uovo sbattuto e poi nel pangrattato.

4. Scaldare un po' d'olio in una padella e aggiungere le torte. Friggerli per i prossimi dieci minuti, assicurandovi di capovolgerli.
5. Trascorso questo tempo, togliere le torte dalla padella, scolale su carta assorbente e poi servi con un po' della tua salsa.

Insalata di Noci Pecan e Fragole

Calorie: 203

Cosa contiene

- Formaggio di capra a pasta molle (8 gr)
- Olio di macadamia (5 ml)
- Aceto balsamico (15 ml)
- Miele (7 ml)
- Noci pecan tritate (13 gr)
- Fragole tagliate a metà (150 gr)
- Spinaci baby (600 gr)

Come è fatto

1. Prendere una ciotola grande e sbattere insieme l'olio, l'aceto balsamico e il miele. Aggiungere un po' d'acqua se è troppo densa.
2. Aggiungere gli spinaci nella ciotola e condirli con gli altri ingredienti. Lasciar che si impregni per i prossimi dieci minuti.
3. Quando siete pronti per servire, mescolare di nuovo gli spinaci e aggiungere il formaggio di capra, le noci pecan e le fragole.

Capitolo 3: Ricette per la Cena

Pollo Orientale

Calorie: 157

Cosa contiene

- Zenzero tritato (4 fette)
- Salsa di soia (30 ml)
- Pak choi (1 testa)
- Funghi champignon affettati (4)
- Petto di pollo (120 g)

Come è fatto

1. È meglio usare un cestello per la cottura a vapore per farlo. Prendere un piatto e mettici sopra il pak choi, seguito da un po' di salsa di soia, lo zenzero, i funghi e poi il pollo sopra.
2. Metterli nella vaporiera e lasciarli cuocere a vapore per dieci minuti o finché il pollo non è tenero e cotto.
3. Dividete in due porzioni e servite.

Lemony Cod

Calorie: 98

Cosa contiene

- Pepe
- Aceto balsamico (15 ml)
- Pomodorini (6)
- Gambo di menta, tritato (1)
- Succo e scorza di limone (1)
- Filetto di merluzzo (65 gr)

Come è fatto

1. Lasciare che il forno si riscaldi fino a 210° C. Strappare abbastanza pellicola da coprire il pesce.
2. Aggiungere il pesce alla carta stagnola e poi spremere sopra del succo di limone insieme alla scorza e alla menta. Piegare la pellicola per assicurarsi che i succhi non fuoriescano.
3. Adagiare anche i pomodori e l'aceto sul pesce e infornare a cuocere.
4. Dopo 12 minuti, il pesce dovrebbe essere cotto e potete farlo raffreddare dal forno prima di servire.

Chow Mein Di Verdure

Calorie: 143

Cosa contiene

- Lime (5)
- Tagliatelle Shirataki (150g)
- Salsa di ostriche (16 ml)
- Aceto di vino di riso (15 ml)
- Salsa di soia (15 ml)
- Carota affettata (1)
- Broccoli tritati (125 gr)
- Peperone rosso a fette (1)
- Funghi affettati (125 gr)
- Olio vegetale (15 ml)

Come è fatto

1. Date un'occhiata alle indicazioni sulla confezione per vedere come cucinare i noodles. Quando hanno finito, metterli da parte.
2. Tirar fuori la padella e scaldare l'olio all'interno. Aggiungete le verdure preparate e lasciate cuocere per tre minuti. Aggiungere con le tagliatelle.
3. Completare questa miscela con la salsa di ostriche, l'aceto e la salsa di soia. Dividete in due porzioni e servite con il lime spremuto sopra.

Cocktail di Gamberi

Calorie: 95

Cosa contiene

- Anello di ananas (1)
- Pepe di cayenna (2 pizzichi)
- Foglie di lattuga sminuzzate (4)
- Mayo (15 ml)
- Salsa al peperoncino dolce (30 ml)
- Gamberi sgusciati (10)

Come è fatto

1. Prendere una piccola ciotola e mescolare insieme il peperoncino dolce e la maionese per preparare il condimento.
2. Mettere la lattuga sul fondo di due ciotole.
3. In un'altra ciotola, unire i pezzi di ananas con i gamberi. Dividerlo tra i due piatti con la lattuga.
4. Completare con il condimento e un po' di paprika e pepe di Caienna prima di servire.

Bake di Manzo alla Provenzale

Calorie: 123

Cosa contiene

- Erbe aromatiche italiane (10 gr)
- Spicchi d'aglio affettati (2)
- Melanzane a cubetti (1)
- Pomodori tritati (lattina da 240 g)
- Carne macinata (60 g)

Come è fatto

1. Lasciare che il forno si riscaldi fino a 210° C. Mentre si riscalda, friggere la carne macinata con l'aglio finché non è pronta. Scolare il grasso in eccesso.
2. Aggiungere le melanzane e far rosolare ancora un po'. Mescolare le erbe miste e i pomodori.
3. Versate questo composto in una pirofila e infornate. Dopo dieci minuti, potete estrarlo e lasciatelo raffreddare.
4. Dividete tra due piatti e servite.

Quiches Vegetariani

Calorie: 185

Cosa contiene

- Sostituto liquido per uova (1 scatola)
- Formaggio Monterey(1 kg)
- Chicchi di mais (285 gr)
- Castagne d'acqua(1 kg)
- Cimette di broccoli (700 gr)
- Parmigiano (12 gr)
- Crackers sbriciolati (6)

Come è fatto

1. Lasciare che il forno si riscaldi fino a 210° C. Estrarre uno stampo per muffin e ungerli leggermente.
2. Aggiungere il parmigiano e le briciole di cracker in una piccola ciotola. Lessare i nostri broccoli per qualche minuto prima di scolarli e sminuzzarli.
3. Aggiungere il formaggio, il mais, la miscela di cracker, le castagne d'acqua e i broccoli in ogni tazza per muffin. Versare sopra il sostituto delle uova.
4. Aggiungerli al forno e cuoci per 20 minuti o fino a cottura ultimata. Lasciarli riposare per qualche minuto prima di servirli.

Chili Vegetale

Calorie: 220

Cosa contiene

- Acqua
- Riso integrale (140 gr)
- Panna acida per servire
- Fagiolini (140 gr)
- Fagioli borlotti (400 gr)
- Pomodori tritati (400 gr)
- Funghi a fette (220 gr)
- Cumino macinato (12 gr)
- Olio d'oliva (15 ml)
- Peperoncini rossi tritati (2)
- Spicchi d'aglio schiacciati (2)

Come è fatto

1. Cuocere il riso seguendo le istruzioni sulla busta. Scolare l'acqua e mantenere il riso al caldo.
2. Soffriggere il peperoncino e l'aglio con un filo d'olio per qualche minuto prima di aggiungere i funghi e il cumino. Cuocere per alcuni minuti.
3. Aggiungere i fagioli, i pomodori e un po' d'acqua. Mescolare e lasciare sobbollire per altri 10 minuti.
4. Infine aggiungere i fagiolini e cuocere per altri 5 minuti per far addensare la salsa.
5. Dividete questo composto in quattro ciotole e servite con un quarto di riso e un po' di panna acida su ognuna.

Wrap con Tofu

Calorie: 183

Cosa contiene

- Tofu(25 pacchetti)
- Prugna a cubetti (1)
- Succo di lime (5 ml)
- Olio d'oliva (15 ml)
- Aminos al cocco (5 gr)
- Sale
- Pepe Bianco
- Lattuga romana (1 foglia)
- Germogli(1 kg)
- Cetriolo a cubetti (20 gr>)
- Carota grattugiata (30 gr)

Come è fatto

1. Prendere una ciotola e sbattere insieme il succo di lime, l'olio d'oliva e gli amminoacidi. Aggiungere la prugna e sfumarla nella salsa.
2. Sbriciolare il tofu nella ciotola e aggiungere il cetriolo e la carota. Lasciate marinare insieme questi ingredienti per almeno dieci minuti.
3. Avvolgere questi ingredienti in una foglia di lattuga e servire con i germogli.

Cena Tostada

Calorie: 205

Cosa contiene

- Guacamole (15 gr)
- Panna acida (15 gr)
- Olive Nere
- Pomodoro tritato (32 gr)
- Lattuga tritata (.(450 gr)
- Formaggio grattugiato (15 gr)
- Tortilla di mais bianco (1)
- Fagioli fritti (40 gr)

Come è fatto

1. Disporre le tortillas e distribuire i fagioli sopra. Completarlo con del formaggio.
2. Lasciare che il forno si riscaldi fino a 210° C. Adagiare la tortilla su una teglia e infornare per pochi minuti.
3. Guarnire con il guacamole, la panna acida, le olive nere, il pomodoro e la lattuga prima di servire.

Ciotola di Patate Dolci

Calorie: 215

Cosa contiene

- Fagioli neri sgocciolati (.(560 gr)
- Formaggio bianco.(560 gr)
- Condimento ipocalorico (9 ml)
- Insalata di verdure tritate (420 gr)
- Patata dolce a fette

Come è fatto

1. Tirare fuori una pentola e aggiungere due tazze d'acqua all'interno. Aggiungere le fette di patata dolce e abbassare un po' il fuoco.
2. Lasciar cuocere per i prossimi dieci minuti. Scolare l'acqua quando il tempo è scaduto.
3. Mettere le verdure in una ciotola con il condimento e mescolarle unendo. Aggiungere le patate dolci e guarnire con i fagioli neri e la ricotta prima di servire.

Tacos Di Tonno

Calorie: 254

Cosa contiene

- Olio vegetale (15 ml)
- Miscela di condimento per taco (15 ml)
- Peperoni Chipotle (15 ml)
- Coriandolo tritato (3 gr)
- Panna acida(30 ml)
- Cipolle verdi tritate (200 gr)
- Cavolo cappuccio viola (440 gr)
- Bistecca di tonno (230 gr)
- Gusci di taco, duri (4)

Come è fatto

1. Per iniziare questa ricetta, prendere una ciotola e unire i peperoni chipotle, il coriandolo, la panna acida e le cipolle verdi.
2. Mettere il tonno in una ciotola e aggiungere la miscela di condimento per taco. Scaldare un po' d'olio in una padella prima di aggiungere la bistecca di tonno. Coprite e lasciate cuocere fino a raggiungere la cottura desiderata.
3. Abbassare un po' la fiamma e aggiungere la miscela di panna acida. Cuocere in modo che si scaldi, ma non lasciare che questi ingredienti inizino a bollire.
4. Mettere i gusci nel microonde e lasciarli scaldare per 20 secondi. Aggiungere il tonno e la panna acida al composto.
5. Completare con il cavolo cappuccio viola prima di servire.

Spaghetti Rustico

Calorie: 292

Cosa contiene

- Basilico (1 manciata)
- Pepe
- Olive nere tritate (60 gr)
- Capperi tritati (8 gr)
- Pomodori tritati (400 gr)
- Filetti di acciughe tritate (4)
- Fiocchi di peperoncino, essiccati
- Spicchio d'aglio schiacciato (1)
- Olio d'oliva (15 ml)
- Spaghetti (100 gr)

Come è fatto

1. Iniziare a cuocere gli spaghetti seguendo le istruzioni sulla confezione.
2. Durante questo tempo, scaldare un po' d'olio in una padella e aggiungere le acciughe, il peperoncino e l'aglio. Cuocere per 4 minuti in modo che le acciughe inizino a sciogliersi all'interno del composto.
3. Aggiungere i capperi, le olive e i pomodori a questo punto prima di abbassare la fiamma. Cuocere a fuoco lento per 20 minuti per aiutare la salsa ad addensarsi.
4. Scolare la pasta e aggiungerla nuovamente nella padella. Mescolare la salsa e il basilico fresco. Servire ben caldo.

Capitolo 4: Ricette di Dolci

Macedonia

Calorie: 50

Cosa contiene

- Lamponi(1 kg)
- Mirtillo(1 kg)
- Ananas a cubetti (.(250 gr)
- Fragole affettate(170 gr)
- Anguria a cubetti (100 gr)
- Melone a cubetti (1)

Come è fatto

1. Iniziare preparando tutta la frutta e tagliandola a pezzetti.
2. Mescolare la frutta e conservare in frigorifero per quando siete pronti per mangiare.

Pere Al Forno

Calorie: 50

Cosa contiene

- Zucchero di canna(70 gr.)
- Succo di limone (5 ml)
- Cannella39 gr.)
- Crostata di marmellata (6 ml)
- Pera (1)

Come è fatto

1. Lasciare che il forno si riscaldi fino a 210° C. Estrarre una pirofila e spruzzare con dello spray da cucina.
2. Tagliare la pera a metà e raccogliere i semi e il torsolo, lasciando un piccolo pozzetto al centro di entrambe le metà. Metterlo nella teglia.
3. Cospargere un po' di succo di limone su ciascuna metà della pera e guarnire con la cannella e lo zucchero di canna.
4. Aggiungere un po' di marmellata in ciascuna metà e poi mettere l'intera teglia nel forno. Cuocere per 20 minuti finché sono teneri.

Parfait di Frutti di Bosco

Calorie: 50

Cosa contiene

- Granola (3 gr)
- Yogurt greco, normale (20 ml)
- Lamponi(1 l)
- Fragole affettate(1 kg)

Come è fatto

1. In una piccola ciotola, mescolate insieme i lamponi e le fragole.
2. Mettere lo yogurt nella ciotola da portata e poi adagia sopra la frutta. Cospargere con la granola e servire.

Muffin ai Mirtilli

Calorie: 93

Cosa contiene

- Mirtilli (250 gr)
- Salsa di mele (16 ml)
- Zucchero di canna(1 kg)
- Yogurt greco(1200 ml)
- 1 Albume
- Sale(70 gr.)
- Lievito in polvere (6 gr)
- Farina integrale(1 kg)

Come è fatto

1. Lasciare che il forno si riscaldi fino a 210° C. Tirare fuori uno stampo per muffin che può fare sei muffin e spruzza con un po' d'olio.
2. In una ciotola, mescolare il sale, il lievito e la farina. In una seconda ciotola, sbattere insieme la salsa di mele, lo zucchero di canna, lo yogurt e l'albume.
3. Quando questi sono pronti, versare lentamente gli ingredienti bagnati con la miscela di farina e unire lentamente. Quindi aggiungere i mirtilli.
4. Versare questa pastella nelle coppette per muffin, lasciando un po' di spazio in alto affinché la pastella possa espandersi.
5. Mettere in forno a cuocere. Dopo 15 minuti, i muffin dovrebbero essere pronti e puoi sfornarli.
6. Lasciare raffreddare prima di servire.

Granola alla Fragola

Calorie: 91

Cosa contiene

- Acqua (15 ml)
- Vaniglia (4 gr)
- Olio di semi di lino (40 ml)
- Nettare di agave (.1 l)
- Fragole secche (80 gr)
- Germe di grano (200 gr)
- Avena (200 gr)

Come è fatto

1. Lasciare che il forno si riscaldi fino a 120° C. Prendere una ciotola media e mescolare insieme il germe di grano e l'avena.
2. Ora tirare fuori una padella e scaldare l'acqua, la vaniglia, l'olio di semi di lino e il nettare di agave a fuoco basso. Portarlo a ebollizione, ma non farlo bollire.
3. Versare questa miscela sopra la miscela di avena e mescolare.
4. Tirate fuori una teglia e ricopritela di olio. Aggiungere la miscela di avena e distribuirla prima di infornare.
5. Dopo 30 minuti, potete aggiungere le fragole e un po' di muesli. Infornare per altri 15 minuti prima di lasciar raffreddare e servire.

Budino di Pane

Calorie: 125

Cosa contiene

- Vaniglia (4 gr)
- Cannella in polvere (3 gr)
- Zucchero di canna(1 kg)
- Uva passa.(1 kg)
- Latte (500 ml)
- Albumi (8)
- Salsa di mele (30 ml)
- Pane integrale (6 fette)

Come è fatto

1. Lasciare che il forno si riscaldi fino a 210° C. Usare uno spray da cucina per preparare una teglia.
2. Strappare il pane e disporlo sul fondo della teglia.
3. Prendere una ciotola e sbattere insieme il latte, gli albumi e la salsa di mele. Quindi incorporare la vaniglia, la cannella, lo zucchero e l'uvetta.
4. Versarlo sopra il pane. Usare una forchetta per premere il pane nel liquido e poi metterlo nel forno per cuocere.
5. Dopo 45 minuti il pane sarà ben rosolato e potrete sfornare. Lasciare un po' di tempo per raffreddare e poi divertitevi.

Crisp di Mele

Calorie: 155

Cosa contiene

- Granola(1 kg)
- Nettare di agave (20 ml)
- Scorza di limone grattugiata (5 gr)
- Yogurt greco semplice (23 ml)
- Cannella
- Zenzero(70 gr.)
- Zucchero di canna (10 gr)
- Mele a fette (2)
- Olio di cocco (13 ml)

Come è fatto

1. Tirar fuori una padella e far sciogliere l'olio di cocco. Aggiungere le fette di mela nella padella calda e cuocere per qualche minuto.
2. Ora aggiungere la cannella, lo zenzero e lo zucchero e continuare a cuocere finché le mele non saranno cotte.
3. Mentre state cuocendo le mele, prendete una ciotola e unite lo yogurt e la buccia di limone insieme. Montarli fino a renderli leggeri e spumosi.
4. Quando le mele sono pronte, dividere il composto in quattro ciotole. Completare con mezzo cucchiaio di yogurt montato e un po' di sciroppo d'agave.
5. Cospargere il muesli e gustare.

French Toast Waffles

Calorie: 256

Cosa contiene

- Fette di pane (4)
- Noce moscata in polvere
- Cannella(39 gr.)
- Vaniglia (4 gr)
- Zucchero (10 gr)
- Latte(1200 ml)
- Uova sbattute (2)

Come è fatto

1. Tirare fuori la piastra per cialde e spruzzarla con dello spray da cucina prima di riscaldarla.
2. In una ciotola, sbattere insieme la noce moscata, la cannella, la vaniglia, lo zucchero, il latte e le uova fino a quando non sono amalgamati.
3. Immergere il pane in questa pastella, assicurandovi di ricoprire entrambi i lati.
4. Mettere la fetta di pane nella piastra per cialde e cuocere per circa 7 minuti finché non sarà dorata. Continuate fino a quando tutto il pane è cotto e poi servite.

Frittella di Mele

Calorie: 252

Cosa contiene

- Succo di limone (30 ml)
- Zucchero a velo(1200 gr)
- Mela tritata (.(1200 kg)
- Uovo (1)
- Cannella(39 gr.)
- Farina 00(640 gr)
- Farina integrale(1 kg)
- Sale
- Zucchero (25 gr)
- Margarina a fette (20 gr)
- Acqua calda (22 ml)
- Lievito secco attivo (25 pacchetti)
- Miglio(1 l)

Come è fatto

1. Riscaldare il latte in una padella finché non si sta scottando. Mentre il latte si sta scaldando, unite il lievito all'acqua calda e lasciate schiumare per cinque minuti.
2. In una ciotola, mescolare il sale, lo zucchero e la margarina. Quando questo è fatto, versare il latte caldo e lasciare che la margarina inizi a sciogliersi. Incorporare la farina integrale, l'uovo, la cannella e la miscela di lievito e mescolare fino a ottenere un composto omogeneo.
3. Ora aggiungere la farina per tutti gli usi e formare il composto in un impasto. Girarlo sul bancone e impastare per qualche minuto.

4. Aggiungere un po' d'olio in una terrina prima di aggiungere l'impasto. Coprite con un canovaccio pulito e lasciate lievitare per 90 minuti.
5. Quando questo è fatto, schiaccialo e poi impasta le mele preparate. Dividere in quattro porzioni e forma ciascuna parte in una sfera.
6. Adagiarli su una teglia e farli lievitare per un'ora.
7. Lasciare che il forno si riscaldi fino a 210° C. Mettere la teglia nel forno e lasciare cuocere per i prossimi 15 minuti.
8. Mentre l'impasto cuoce, mescolate insieme il succo di limone e lo zucchero a velo per fare una glassa.
9. Sfornare le frittelle e spennellarle sulla glassa mentre si raffreddano.

Conclusione

Grazie per essere arrivati fino alla fine di questo libro, speriamo che sia stato informativo e in grado di fornirvi tutti gli strumenti necessari per raggiungere i vostri obiettivi, qualunque essi siano.

Il passo successivo è iniziare con una dieta 5: 2. Questo piano di dieta è pensato per adattarsi al vostro programma e per aiutarvi a perdere il peso che volete, senza dover seguire formule complicate o dover contare ogni singola caloria che consumate. Molte persone trovano che questo può essere un semplice piano di dieta da seguire una volta che si abituano al programma e quando possono trovare le ricette perfette per aiutare con la festa e le giornate veloci.

Andate avanti e provate le ricette in questo libro.

CPSIA information can be obtained
at www.ICGtesting.com
Printed in the USA
BVHW042255080421
604482BV00007B/1332

9 781801 336444